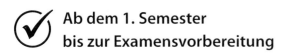 Ab dem 1. Semester
bis zur Examensvorbereitung

 *JURA* INTENSIV

Skript
Grundfall
Klausurfall

IRRTUMSLEHRE

Error in persona

Aberratio ictus

Irrtum über den Kausalverlauf

Erlaubnistatbestandsirrtum

Doppelirrtümer

Untauglicher Versuch/Wahndelikt

Irrtums-Auswirkungen auf Dritte

Dr. Dirk Schweinberger
2. Auflage, August 2019

Herr **Dr. Dirk Schweinberger** ist Assessor und Franchisenehmer des Repetitoriums **JURA INTENSIV** in Frankfurt, Gießen, Heidelberg, Mainz und Marburg. Er wirkt seit über 19 Jahren als Dozent des Repetitoriums und ist Redakteur der Ausbildungszeitschrift RA – Rechtsprechungs-Auswertung. In den Skriptenreihen von **JURA INTENSIV** ist er Autor bzw. Co-Autor der Skripte: Strafrecht AT I und II, Strafrecht BT I und II, Irrtumslehre, Arbeitsrecht, Crashkurs Strafrecht, Crashkurs Strafrecht Bayern, Crashkurs Handelsrecht, Crashkurs Arbeitsrecht, Crashkurs Gesellschaftsrecht, Kompakt Strafrecht, Basis-Fälle Handelsrecht, Basis-Fälle Strafrecht AT, Basis-Fälle Strafrecht BT I und II.

Autor
Dr. Dirk Schweinberger

Verlag und Vertrieb
Jura Intensiv Verlags UG (haftungsbeschränkt) & Co. KG
Zeil 65
60313 Frankfurt am Main
info@verlag.jura-intensiv.de
www.verlag.jura-intensiv.de

Konzept und Gestaltung
Stefanie Körner

Druck und Bindung
Druckerei Busch GmbH, Raiffeisenring 31, 46395 Bocholt

ISBN 978-3-946549-91-8

Vorwort

Eines der wichtigsten Themen im Strafrecht ist die Irrtumslehre. Es begleitet den Studierenden in der Regel ab dem ersten Semester und lässt ihn bis zum Staatsexamen nicht mehr los.

Jahrelange Unterrichtserfahrung zeigt, dass die Irrtumslehre vielen Studierenden bis in die Examensvorbereitung hinein massive Probleme bereitet. Dabei liegen die Probleme einerseits in dem Verständnis der Problematik an sich und andererseits in der Frage nach der Art und Weise der Darstellung im Gutachten.

Dies rechtfertigt es, sich diesem Thema im Rahmen eines separaten Skripts innerhalb der Skriptenreihe des **JURA INTENSIV** Verlags zu widmen.

Das Skript ist extra so geschrieben, dass es sowohl zum gezielten Nachlesen einzelner Probleme als auch zum vollständigen Durcharbeiten geeignet ist.

Deshalb ist das vorliegende Skript in **drei Schritten** untergliedert.

Der **erste Schritt** („Die Grundlagen") dient dem Grundlagenverständnis. Sofern diese Grundlagen verstanden sind, baut hierauf der **zweite Schritt** („Vertiefung – 1. Ebene") auf.

Die kompliziertesten Irrtumsfragen werden dann in dem **dritten Schritt** („Vertiefung – 2. Ebene") behandelt. Durch diese Struktur ist es möglich, sich schrittweise in das Thema einzuarbeiten.

Vor allem jüngeren Semestern wird dringend empfohlen, das Skript in der vorgegebenen Reihenfolge durchzuarbeiten. Nur dadurch wird vermieden, dass sich „Inselwissen" bildet. Das große Thema der Irrtumslehre muss einmal vollständig verstanden worden sein, um in entscheidenden Klausur- und Prüfungssituationen den Überblick zu behalten.

Fortgeschrittene können sich durch die Struktur gezielt die komplizierteren Fälle anlesen.

Ich hoffe sehr, dass es mir gelingt, mit diesem Werk einen Beitrag zu leisten, damit das Thema der Irrtumslehre seinen „Schrecken" verliert.

Für Anregungen, Verbesserungsvorschläge und Kritik sind wir besonders dankbar. Sie erreichen uns im Internet unter **www.verlag.jura-intensiv.de** und per E-Mail über **info@verlag.jura-intensiv.de**.

Dr. Dirk Schweinberger

Inhalt

ALLGEMEINE GRUNDLAGEN DER IRRTUMSLEHRE

A. Einleitung

Die Irrtumslehre im Strafrecht beschäftigt sich mit der Frage, welche rechtlichen Konsequenzen es hat, wenn der Bürger sich einem möglichen strafrechtlichen Vorwurf gegenüber sieht und sich – in der Regel zu seiner Verteidigung – darauf beruft, dass er „das doch gar nicht gewollt" bzw. „das doch gar nicht gewusst" habe. Die denkbaren Folgen sich vielgestaltig: Der Irrtum könnte unbeachtlich sein, jede Strafbarkeit ausschließen, zu einer Strafmilderung führen oder Strafbarkeiten wegen bloßen Versuchs oder bloßer Fahrlässigkeit begründen.

All diese Folgen eines Irrtums werden wir im Laufe der weiteren Problembehandlung kennenlernen. Schon hieran wird ersichtlich, wie unterschiedlich die Rechtsfolgen unterschiedlicher Irrtümer sein können und wie wichtig deshalb die sichere Beherrschung dieses Themas ist.

1 „Das habe ich nicht gewusst/ gewollt!"

Von einem Irrtum spricht man in **zwei Fällen**. Zum einen kann sich die objektive Sachlage von der subjektiven Sachverhaltserkenntnis des Täters unterscheiden. In diesem Fall spricht man von einem **Sachverhaltsirrtum**. Zum anderen können sich die Wertungen der Rechtsordnung von den Wertungen des Täters unterscheiden. In diesem Fall spricht man von einem **Wertungsirrtum**.

Wer sich der Irrtumslehre im Strafrecht nähern will, muss folglich eine grundlegende Unterscheidung immer vor Augen haben:

2 Sachverhalts- und Wertungsirrtum

MERKSATZ

Es gibt Sachverhaltsirrtümer und es gibt Wertungsirrtümer.

3

Diese Differenzierung ist die Basis, auf die im Folgenden immer wieder zurückzukommen ist. Wer hier am Beginn seiner Überlegungen in einer Klausur eine falsche Weiche stellt, hat schon „keine Chance mehr", das Irrtumsproblem einer korrekten Lösung zuzuführen.

BEISPIEL 1: A will eine Schießübung machen und erkennt nicht, dass sein Ziel kein Pappkamerad, sondern der Bauer B ist. B wird tödlich getroffen. A ist entsetzt.

Beispiel 1 stellt einen Sachverhaltsirrtum dar. A erkennt die tatsächlichen Umstände der Außenwelt nicht, weil er einen Menschen irrig für einen Pappkameraden hält.

BEISPIEL 2: T beleidigt ein Kind. Dabei denkt er, eine Beleidigung sei nur gegenüber Erwachsenen strafbar.

In Beispiel 2 hingegen erkennt T alle tatsächlichen Umstände seiner Tat. Er hat nur eine falsche Vorstellung hinsichtlich der Wertungen der Rechtsordnung im Rahmen des Ehrschutzes, also im Rahmen des § 185 StGB. T befindet sich in einem Wertungsirrtum.

Diese beiden Arten von Irrtümern gibt es auf allen drei Stufen des Deliktsaufbaus, dem Tatbestand, der Rechtswidrigkeit und der Schuld.

„Normaler" Irrtum

4 Der „normale" Irrtumsfall zeichnet sich durch eine „Nichterkenntnis" des Täters hinsichtlich der Verwirklichung von Strafbarkeitsvoraussetzungen aus. Der Täter verwirklicht also objektiv eine Strafbarkeitsanforderung, denkt aber, er würde diese nicht erfüllen. In den obigen Beispielen hat A in Beispiel 1 objektiv die Voraussetzungen des § 212 I StGB und T objektiv die Voraussetzungen des § 185 StGB erfüllt. Beide meinen aber, diese Tatbestände gerade nicht zu verwirklichen.

Da dieser Irrtum des Täters auf allen drei Stufen des Deliktsaufbaus als Sachverhalts- und als Wertungsirrtum auftreten kann, gibt es insgesamt sechs „Grundfälle" im Bereich der Irrtumslehre.

Sachverhalts-irrtum

5 Der **Sachverhaltsirrtum** ist stets ein Irrtum über tatsächliche Umstände. Er ist dadurch gekennzeichnet, dass der Täter die tatsächlichen Gegebenheiten nicht zutreffend erkennt und deshalb objektiv unangemessen reagiert. Dieser Irrtum muss dem Täter grundsätzlich zu seinem Vorteil gereichen, weil er „an sich rechtstreu"[1] ist, d.h. von seiner Grundeinstellung eigentlich auf der Seite des Rechts steht.

In Beispiel 1 will A gar keinen Menschen töten, sondern bloß eine Schießübung machen. Er erscheint als ein „Schussel" aber nicht als „Schurke".

Wertungsirrtum

6 Demgegenüber geht der Täter beim **Wertungsirrtum** von einem an sich richtig erkannten Sachverhalt aus, irrt jedoch über die rechtlichen Wertmaßstäbe der Rechtsordnung. Er zieht also einen falschen rechtlichen Schluss aus einem an sich zutreffend erkannten Sachverhalt. Dieser Irrtum muss für den Täter im Vergleich zum Sachverhaltsirrtum belastender sein, weil der Täter gerade nicht rechtstreu ist, sondern mit seinen Wertungen außerhalb der Rechtsordnung steht.[2]

In Beispiel 2 will T das Kind sehr wohl beleidigen, glaubt aber nur irrig, dass § 185 StGB dem Kind insoweit den Ehrschutz gegenüber einem Erwachsenen verwehre.

7 | **MERKSATZ**
Der Täter, der einem Sachverhaltsirrtum unterliegt, ist „an sich rechts-treu". Dieser Irrtum kommt dem Täter in stärkerem Maße zugute als ein Wertungsirrtum.

„Umgekehrter" Irrtum

8 Von den „normalen" Irrtümern strikt zu unterscheiden sind die sog. „**umgekehrten Irrtümer**". Bei diesen denkt der Täter, er würde eine Strafbarkeitsvoraussetzung erfüllen, obwohl er diese gerade nicht erfüllt. Die umgekehrten Irrtümer stellen Sonderkonstellationen dar, die wegen ihres Sinnzusammenhangs später behandelt werden.

| **MERKSATZ**
Sofern nicht explizit auf den Fall des „umgekehrten Irrtums" hingewiesen wird, beziehen sich folgenden Ausführungen stets nur auf die „normalen" Irrtümer.

Doppelirrtum

9 Komplizierter wird die Sachlage, wenn Sachverhalts- und Wertungsirrtum kumuliert zusammentreffen. In diesem Fall spricht man von „**Doppelirrtümern**". Diese werden im Skript später ebenfalls behandelt.

---

1   BGHSt 3, 105, 107; Knobloch, JuS 2010, 864, 865
2   Rönnau/Faust/Fehling, JuS 2004, 667, 668

B. Grundfall: „Schwimmunterricht!"[3]

SACHVERHALT

Sachverhalts-
irrtum

Die 25 Jahre alte Sportlehrerin L ist von ihrem 15 Jahre alten Schüler S sehr angetan. Auch S findet Gefallen an L. Im Anschluss an den Schwimmunterricht nimmt L am S Oralverkehr vor.

1. Variante:
Wegen eines fehlerhaften Klassenbucheintrags geht L davon aus, dass S bereits 16 Jahre alt ist.

2. Variante:
L weiß zwar, dass S erst 15 Jahre alt ist, geht aber davon aus, dass der strafrechtliche Schutz der Sexualdelikte bereits mit dem Ablauf des 14. Lebensjahres endet, da sie jüngst einen Zeitungsartikel bezüglich § 176 StGB gelesen hatte.

Bearbeitervermerk:
Hat sich L jeweils nach § 174 I StGB strafbar gemacht?

A. Erste Sachverhaltsvariante/§ 174 I Nr. 1 StGB

LÖSUNG

Indem L mit S Oralverkehr praktiziert hat, könnte sie sich nach § 174 I Nr. 1 StGB strafbar gemacht haben.

I. TATBESTAND

1. Objektiver Tatbestand
Dazu müsste L an einer Person unter 16 Jahren, die ihr zur Erziehung anvertraut ist, sexuelle Handlungen vorgenommen haben.
S ist erst 15 Jahre alt. Zur Erziehung anvertraut ist der Jugendliche demjenigen, der verpflichtet ist, die Lebensführung des Jugendlichen und damit auch dessen geistig-sittliche Entwicklung zu überwachen und zu leiten. Diese Voraussetzung ist im Schüler-Lehrer-Verhältnis gegeben.
Die Vornahme einer sexuellen Handlung verlangt einen körperlichen Kontakt. Dieser ist beim Oralverkehr gegeben.
Somit hat L den objektiven Tatbestand des § 174 I Nr. 1 StGB erfüllt.

2. Subjektiver Tatbestand
L müsste insoweit vorsätzlich gehandelt haben. Vorsatz ist der Wille zur Tatbestandsverwirklichung in Kenntnis aller objektiven Tatumstände im Zeitpunkt der Tatbegehung. Ob diese Voraussetzungen bei L vorliegen, ist fraglich, da L davon ausging, dass S schon 16 Jahre alt sei. Sie könnte sich deshalb in einem den Vorsatz ausschließenden Tatbestandsirrtum nach § 16 I 1 StGB befunden haben. Dazu müsste sie einen Umstand nicht gekannt haben, der zum gesetzlichen Tatbestand gehört. Dass der Schutzbefohlene unter 16 Jahre alt ist, ist ein Umstand der zum gesetzlichen Tatbestand gehört. Dieser war der L wegen des fehlerhaften Klassenbucheintrags nicht bekannt. Die L befand sich folglich in einem Tatbestandsirrtum nach § 16 I 1 StGB. Sie handelte deshalb unvorsätzlich.

---

3   Vgl. Hinderer, JA 2009, 864, 865

II. ERGEBNIS

L hat sich nicht nach § 174 I Nr. 1 StGB strafbar gemacht.

B. Zweite Sachverhaltsvariante/§ 174 I Nr. 1 StGB

Indem L mit S Oralverkehr praktiziert hat, könnte sie sich nach § 174 I Nr. 1 StGB strafbar gemacht haben.

I. TATBESTAND

1. Objektiver Tatbestand

Der objektive Tatbestand ist nach dem oben Gesagten gegeben.

2. Subjektiver Tatbestand

L kannte alle unrechtsbegründenden Merkmale des Tatbestands und handelte insoweit mit dem Willen zur Tatbestandsverwirklichung in Kenntnis aller objektiven Tatumstände, also vorsätzlich.

II. RECHTSWIDRIGKEIT

Hinweise auf Rechtfertigungsgründe sind nicht ersichtlich. L handelte rechtswidrig.

III. SCHULD

Fraglich ist, ob L schuldhaft gehandelt hat. Das wäre dann nicht der Fall, wenn sie sich bei Begehung der Tat in einem unvermeidbaren Verbotsirrtum befunden, ihr also die Einsicht gefehlt hätte, Unrecht zu tun und sie diesen Irrtum nicht vermeiden konnte, § 17 S. 1 StGB.

Wegen eines Zeitungsartikels zu § 176 StGB ging L davon aus, dass nur Personen unter 15 Jahren geschützt seien. Somit fehlte L im Zeitpunkt der Tatbegehung die Einsicht, Unrecht zu tun. L befand sich im Verbotsirrtum.

Weitere Voraussetzung der Entschuldigung ist jedoch, dass L den Irrtum nicht vermeiden konnte. Der Irrtum ist unvermeidbar, wenn der Täter trotz der ihm nach den Umständen des Falles, seiner Persönlichkeit sowie seinem Lebens- und Berufskreis zuzumutenden Anspannung des Gewissens die Einsicht in das Unrechtmäßige seines Handels nicht zu gewinnen vermochte. Das setzt voraus, dass er alle seine geistigen Erkenntniskräfte eingesetzt und etwa auftauchende Zweifel durch Nachdenken und erforderlichenfalls durch Einholung von Rat beseitigt hat.

§ 176 StGB beschäftigt sich mit dem sexuellen Missbrauch von Kindern. L hätte jedoch bereits auffallen müssen, dass sie als Lehrerin des S zu diesem in einem besonderen Obhutsverhältnis steht, welches spezifische Pflichten zur Folge haben kann. Dieses besondere Verhältnis zu dem Schutzbefohlenen S hat sie bei ihren Überlegungen völlig außer Acht gelassen. Damit hat sie nicht die ihr als Lehrerin zuzumutende Gewissensanspannung vorgenommen und nicht alle geistigen Erkenntniskräfte eingesetzt. Somit befand sich L in einem vermeidbaren Verbotsirrtum, § 17 S. 2 StGB. Dieser lässt ihre Schuld unberührt, kann jedoch zu einer Strafmilderung nach § 49 I StGB führen.

IV. ERGEBNIS

FALLENDE

L hat sich gem. § 174 I Nr. 1 StGB strafbar gemacht. Die Strafe kann gem. § 17 S. 2 StGB gemildert werden.

IRRTÜMER HINSICHTLICH DES GESETZLICHEN TATBESTANDS

A. Die Grundlagen

I. TATBESTANDSIRRTUM/TATUMSTANDSIRRTUM

Dem gängigen Prüfungsschema folgend sollen zunächst die Irrtümer behandelt werden, die sich auf den gesetzlichen Tatbestand beziehen.

10

Das StGB regelt in § 16 I 1 StGB den Fall, dass der Täter einen Umstand nicht kennt, der zum gesetzlichen Tatbestand gehört. Damit regelt diese Vorschrift einen auf die Tatbestandsmerkmale bezogenen Sachverhaltsirrtum. Die Konsequenz dieses sog. **„Tatbestandsirrtums"**, der wegen des Wortlauts von § 16 I 1 StGB auch verbreitet „Tatumstandsirrtum" genannt wird, ist nach § 16 I 1 StGB der Ausschluss des Vorsatzes. Es bleibt jedoch die Möglichkeit bestehen, dass sich der Täter wegen fahrlässiger Tatbegehung strafbar gemacht hat, vgl. § 16 I 2 StGB.

11 § 16 I 1 StGB

Der Grundfall des Tatbestandsirrtums ist dadurch gekennzeichnet, dass der Täter durch einen Sachverhaltsirrtum nicht erkennt, dass er die Voraussetzungen eines gesetzlichen Tatbestands verwirklicht. Insofern handelt der Täter dann gem. § 16 I 1 StGB unvorsätzlich.

12 Tatbestands-irrtum

BEISPIEL: A will eine Schießübung machen und erkennt nicht, dass sein Ziel kein Pappkamerad, sondern der Bauer B ist. B wird tödlich getroffen. A ist entsetzt.

13

In diesem Beispiel hat A wegen eines Sachverhaltsirrtums keine Kenntnis vom Tatbestandsmerkmal „Mensch" in § 212 I StGB. In den Worten des § 16 I 1 StGB: A kannte den Umstand „Mensch" nicht, der zum gesetzlichen Tatbestand des § 212 I StGB gehört. Folglich fehlt A gem. § 16 I 1 StGB der Vorsatz, einen Menschen zu töten. Es kommt jedoch gem. § 16 I 2 StGB eine Strafbarkeit wegen fahrlässiger Tötung, § 222 StGB, in Betracht.

KLAUSURHINWEIS

Im **Prüfungspunkt des Vorsatzes** ist die Frage aufzuwerfen, ob A Vorsatz zur Tötung eines Menschen hatte. Mit Hinweis auf § 16 I 1 StGB ist dies zu verneinen. Der Hinweis in § 16 I 2 StGB, dass die Bestrafung wegen fahrlässiger Tat „unberührt" bleibt, begründet keinen eigenständigen Fahrlässigkeitstatbestand. Nur wenn es ein entsprechendes Fahrlässigkeitsdelikt gibt, kann es eingreifen. Auch impliziert § 16 I 2 StGB nicht, dass die Voraussetzungen z.B. der fahrlässigen Tötung vorliegen. Diese sind vielmehr im Rahmen einer eigenständigen Prüfung sorgfältig zu prüfen.

14 Prüfung im Vorsatz

An dieser Stelle sei der Hinweis gestattet, dass folglich aus § 16 I 1 StGB zwingend abgeleitet werden kann, dass „Vorsatz" stets das „Wissen" um die tatsächlichen Umstände voraussetzt.

II. DER „UMGEKEHRTE" TATBESTANDSIRRTUM

(Untauglicher)
Versuch

15 Beim normalen Tatbestandsirrtum verwirklicht der Täter objektiv einen Straftatbestand, wobei ihm jedoch aufgrund eines Sachverhaltsirrtums gem. § 16 I 1 StGB der Vorsatz fehlt. Beim **„umgekehrten" Tatbestandsirrtum** verwirklicht der Täter den objektiven Tatbestand wegen eines Sachverhaltsirrtums nicht, hat jedoch den auf die Verwirklichung des Tatbestands gerichteten Vorsatz. Dieser Fall ist ein (untauglicher) Versuch, sofern der Versuch strafbar ist.[4]

BEISPIEL: A will den Bauern B erschießen. Er erkennt nicht, dass er eine Vogelscheuche vor sich hat und schießt.

KLAUSURHINWEIS

In einer Klausur ist im Beispiel ein versuchter Totschlag (oder Mord) gem. §§ 212 I, 22, 23 I StGB zu prüfen. Im Rahmen des Tatentschlusses ist darauf einzugehen, dass es nach dem Wortlaut des § 22 StGB („nach seiner Vorstellung von der Tat") unerheblich ist, dass A objektiv auf eine Vogelscheuche geschossen hat. Maßgeblich ist nur, dass er subjektiv glaubte, den Bauern B vor sich zu haben. Mithin hatte er Tatentschluss zur Tötung eines Menschen. Dass es sich um einen untauglichen Versuch an einem untauglichen Objekt handelt, ist schon gem. § 23 III StGB bedeutungslos. Diese Norm ordnet selbst für „grob unverständige" – also besonders untaugliche – Versuche an, dass die Strafe gemildert werden kann, was aber impliziert, dass eine Strafbarkeit gegeben ist.[5]

III. VERBOTSIRRTUM

§ 17 StGB

16 In § 17 StGB wird der Fall geregelt, dass dem Täter bei Begehung der Tat die Einsicht fehlt, Unrecht zu tun. Insoweit befindet sich der Täter also in einem Wertungsirrtum, weil er trotz voller Sachverhaltskenntnis nicht erkennt, dass sein Tun Unrecht ist.

Verbotsirrtum

Beim „klassischen Fall" bezieht sich dieser Wertungsirrtum des Täters auf die Voraussetzungen des gesetzlichen Tatbestandes. Er irrt sich über die Reichweite einer Verbotsnorm (über die Frage, ob sein Verhalten rechtlich verboten ist), weshalb dieser Irrtum „**Verbotsirrtum**" genannt wird.

Rechtsfolge

17 Die Rechtsfolge dieses Irrtums regelt § 17 StGB in der Weise, dass der Täter nur dann ohne Schuld handelt, wenn er den Irrtum nicht vermeiden konnte. War der Wertungsirrtum für den Täter vermeidbar, so kann seine Strafe allenfalls gemildert werden.

Vermeidbarkeits-
prüfung

18 **DEFINITION**

Der **Verbotsirrtum** ist **unvermeidbar**, wenn der Täter trotz der ihm nach den Umständen des Falles, seiner Persönlichkeit sowie seinem Lebens- und Berufskreis zuzumutenden Anspannung des Gewissens die Einsicht in das Unrechtmäßige seines Handels nicht zu gewinnen vermochte.[6]

---

4   Knobloch, JuS 2010, 864, 866; ausführlich hierzu: Schweinberger, JI-Skript Strafrecht AT I, Rn 923 ff.
5   Schweinberger, JI-Skript Strafrecht AT I, Rn 926
6   BGH, NJW 2013, 93, 97; BGHSt 2, 194, 201

Das setzt voraus, dass er alle seine geistigen Erkenntniskräfte eingesetzt und etwa **19** auftauchende Zweifel durch Nachdenken und erforderlichenfalls durch Einholung von Rat einer sachkundigen und unvoreingenommenen Person beseitigt hat.[7] Dies ist nicht der Fall, wenn es sich um ein eher zur Absicherung als zur Klärung bestelltes anwaltliches Gefälligkeitsgutachten handelt oder wenn die erteilten Auskünfte erkennbar vordergründig und mangelhaft sind.[8]

Wertungsirrtümer sind in aller Regel vermeidbar, weil der Täter sich genau über die Wertungen der Rechtsordnung informieren muss.[9]

> **KLAUSURHINWEIS** **20** Prüfung in der
> Schuld
> Der Wertungsirrtum über die Reichweite des Tatbestands, der Verbotsirrtum, wird also nicht im Tatbestand selbst geprüft, sondern erst in der Schuld. Unabhängig von der Verortung im Prüfungsschema ist der klassische Fall des Verbotsirrtums also kein Irrtum über entschuldigende Merkmale. Vielmehr kann der Wertungsirrtum über die Reichweite des Tatbestands (nur) die Schuld ausschließen.

BEISPIEL: T beleidigt ein Kind. Dabei denkt er, eine Beleidigung sei nur gegenüber Erwach- **21** senen strafbar.

Im Beispiel irrt T über die Reichweite des (Beleidigungs-)Verbots des § 185 StGB. Er befindet sich deshalb in einem sog. „**Verbotsirrtum**". Die Schuldhaftigkeit der Tatbestandsverwirklichung wäre nur zu verneinen, wenn T seinen Wertungsirrtum nicht vermeiden konnte. T hätte jedoch erkennen können und müssen, dass auch Kinder einen Anspruch auf Schutz ihrer persönlichen Ehre und Wertschätzung haben. Folglich hat sich T wegen (vorsätzlicher) Beleidigung nach § 185 StGB strafbar gemacht.

> **KLAUSURHINWEIS** **22** Vorsatz gegeben
> Der Vorsatz des Täters ist beim Verbotsirrtum zu bejahen. Er weiß, dass er den entsprechenden Tatbestand verwirklicht. In der Schuld ist dann die Frage aufzuwerfen, wie es sich auswirkt, dass er glaubte, dabei kein Unrecht zu tun. Unter Anwendung von § 17 StGB ist die Frage der Vermeidbarkeit dieses Irrtums zu prüfen.

Als weiteres Beispiel mögen die „**Mauerschützen-Fälle**" dienen, in denen der BGH **23** Mauerschützen- nur einen vermeidbaren Verbotsirrtum angenommen hat, weil „der Verstoß gegen Fälle das elementare Tötungsverbot auch für einen indoktrinierten Menschen ohne weiteres einsichtig, also offensichtlich" ist.[10]

In der Praxis kommen vor diesem Hintergrund unvermeidbare Verbotsirrtümer fast nur im Bereich des Nebenstrafrechts und im Recht der Ordnungswidrigkeiten vor.[11]

---

7   BGH, NJW 2013, 93, 97; BGHSt 4, 1, 5
8   BGH, NStZ 2013, 461, 461
9   Gropp, AT, § 13 Rn 15; Knobloch, JuS 2010, 864, 866
10 BGHSt 39, 1, 34. Auch im „Mannesmann-Prozess" wurde in einem Teilkomplex unter Hinweis auf die Qualifikation und den Wissensstand der Aufsichtsratsmitglieder ein vermeidbarer Verbotsirrtum angenommen, BGH, NJW 2005, 522, 529.
11 Kühl, AT, § 13 Rn 51a mit Beispielen

IV. DER „UMGEKEHRTE" VERBOTSIRRTUM

Wahndelikt

24 Beim Verbotsirrtum tut der Täter etwas objektiv Verbotenes, aufgrund eines Wertungsirrtums hält er sein Tun jedoch irriger Weise für erlaubt. Beim „umgekehrten" Verbotsirrtum tut der Täter etwas objektiv Erlaubtes, hält dies jedoch irriger Weise wegen eines Wertungsirrtums für verboten. Dieser Fall stellt ein strafloses Wahndelikt dar.[12]

BEISPIEL: E begeht einen Ehebruch und stellt sich vor, dieser sei strafbar.

V. RECHTSFOLGENVERGLEICH VON TATBESTANDS- UND VERBOTSIRRTUM

25 **MERKSATZ**
Ein **Sachverhaltsirrtum** gem. § 16 I 1 StGB wirkt sich durch den zwingenden Vorsatzausschluss für den Täter deutlich vorteilhafter aus als ein Wertungsirrtum gem. § 17 StGB, der wegen seiner strengen Vermeidbarkeitsprüfung die Vorsatzstrafe in der Regel unberührt lässt.

Appell- und
Warnfunktion
des Tatbestands

26 Ergänzend zu den Überlegungen in der obigen Einleitung hat dies seinen Grund darin, dass derjenige, der mangels Sachverhaltserkenntnis den Sinngehalt seiner Tat nicht erfasst, von der Appell- und Warnfunktion des Tatbestands nicht erreicht wird.[13] Wer meint, in der Kneipe seine eigene Jacke vom Garderobenhaken zu nehmen, der hat keinen Anlass, über das Verbot, fremde Sachen wegzunehmen, nachzudenken. Ein solcher Irrtum ruft mehr Nachsicht hervor, als wenn der Täter meint, wer seine Jacke an die Garderobe hänge, sei auch mit ihrer Mitnahme durch eine andere Person einverstanden.

Die „umge-
kehrten"
Irrtümer

27 Genau umgekehrt verhalten sich auch hier die „umgekehrten" Irrtümer. Der „umgekehrte" Tatbestandsirrtum stellt einen strafbaren (untauglichen) Versuch dar und wirkt mithin für den Täter nachteiliger als der „umgekehrte" Verbotsirrtum, der ein bloß strafloses Wahndelikt darstellt.

B. Vertiefung – 1. Ebene

I. IRRTUM ÜBER QUALIFIZIERENDE UMSTÄNDE

28 Irrt der Täter über qualifizierende Merkmale, so bleibt es bei der Strafbarkeit wegen des Grunddelikts.

BEISPIEL: Dieb D geht auf Beutezug. Wegen eines plötzlichen Kälteeinbruchs holte er vorher seine Winterjacke aus dem Keller. In dieser steckte noch eine Waffe, was er vergessen hatte.

Im Beispiel macht sich D nur wegen Diebstahls strafbar. Zum qualifizierenden Merkmal des Diebstahls mit Waffen gem. § 244 I Nr. 1a StGB fehlt im die Kenntnis und mithin in Anwendung von § 16 I 1 StGB der Vorsatz.

---

12   Knobloch, JuS 2010, 864, 866 f.; ausführlich hierzu: Schweinberger, Jl-Skript Strafrecht AT I, Rn 945 ff.
13   Kühl, AT, § 13 Rn 14; Wessels/Beulke/Satzger, AT, Rn 244

Da es auch keinen Tatbestand des „fahrlässigen Mitführens einer Waffe bei einem Diebstahl" gibt, kommt im Rahmen des StGB hinsichtlich der mitgeführten Waffe auch kein Fahrlässigkeitsdelikt zur Anwendung.

II. IRRTUM ÜBER TATBESTANDSALTERNATIVEN

29 Einheitlicher Schutzgegenstand

Schließlich sind Fälle denkbar, in denen der Täter meint, eine bestimmte Alternative eines Tatbestands zu verwirklichen, wohingegen er eine andere oder einen anderen Tatbestand verwirklicht.[14] Sofern die unterschiedlichen Tatbestandsalternativen bzw. Tatbestände nur unterschiedliche Ausprägungen eines einheitlichen Schutzgegenstandes sind, ist der Irrtum unbeachtlich. Unterscheiden sich hingegen die Tatobjekte qualitativ, handelt es sich also um selbstständige Tatbestandsvarianten, dann fehlt es am Vorsatz hinsichtlich des verletzten Objekts und der Vorsatz hinsichtlich des gewollten Tatobjekts führt zur Bestrafung wegen eines (untauglichen) Versuchs.[15]

BEISPIEL 1: A meint, in eine Wohnung einzudringen. In Wirklichkeit handelt es sich trotz der „gemütlichen" Einrichtung um einen Geschäftsraum. Strafbarkeit nach § 123 StGB?

30 Wohnung und Geschäftsraum

§ 123 StGB schützt das Hausrecht. Dieser Schutz besteht sowohl bei Wohnungen als auch bei Geschäftsräumen. Insofern sind die in § 123 StGB genannten Räumlichkeiten bloß unterschiedliche Ausprägungen des von § 123 StGB geschützten Rechtsgutes. Folglich handelt A vorsätzlich und macht sich gem. § 123 StGB strafbar.

BEISPIEL 2: B meint, eine Urkunde zu vernichten, vernichtet aber tatsächlich eine technische Aufzeichnung. Strafbarkeit nach § 274 StGB?

31 Urkunde und technische Aufzeichnung

Technische Aufzeichnungen, vgl. die Legaldefinition in § 268 II StGB, sind keine Urkunden, weil sie weder eine Gedankenerklärung verkörpern, noch auf einen Aussteller hinweisen müssen.[16] Insofern weisen beide Delikte auch eine unterschiedliche Schutzrichtung auf. Bei der Urkundenfälschung bezieht sich das vom Gesetzgeber geschützte Vertrauen des Rechtsverkehrs auf die Herkunft der Urkunde von einem bestimmten menschlichen Aussteller. Bei § 268 StGB hingegen bezieht sich das geschützte Vertrauen auf die Herkunft der technischen Aufzeichnung aus einem unbeeinflussten Herstellungsvorgang eines selbsttätig und ordnungsgemäß arbeitenden technischen Geräts.[17] Folglich sind beide Tatobjekte schon nicht Ausprägungen eines einheitlichen Schutzgegenstandes, sondern unterscheiden sich qualitativ. Wer eine Urkunde vernichten will hat folglich nicht den Vorsatz, eine technische Aufzeichnung zu vernichten. Somit unterliegt B in Beispiel 2 einem seinen Vorsatz ausschließenden Tatbestandsirrtum gem. § 16 I 1 StGB. Da er aber eine Urkunde vernichten wollte, hatte der den entsprechenden Tatentschluss und hat sich somit im Ergebnis wegen (untauglichen) Versuchs einer Urkundenunterdrückung gem. §§ 274 I Nr. 1, 22, 23 I StGB strafbar gemacht.

---

14   *Vertiefend zu diesem Thema Rolofs, JA 2003, 304 ff.*
15   *S/S-Sternberg-Lieben/Schuster, StGB, § 16 Rn 12; Kühl, AT, § 13 Rn 16a*
16   *S/S-Heine/Schuster, StGB, § 268 Rn 6*
17   *S/S-Heine/Schuster, StGB, § 268 Rn 4*

III. IRRTUM ÜBER PRIVILEGIERENDE UMSTÄNDE

§ 16 II StGB | **32**   Einen Sonderfall stellt der Sachverhaltsirrtum über das Vorliegen privilegierender Umstände dar. Hier liegt im Unterschied zum Tatbestandsirrtum nicht ein Fall der Unkenntnis (eines Tatbestandsmerkmals) vor, sondern ein Fall der irrigen Annahme (eines privilegierenden Tatbestandsmerkmals).

33   Bezieht sich der Irrtum auf Umstände, die den Tatbestand eines milderen Gesetzes ergeben würden, so kann der Täter nur nach dem milderen Gesetz bestraft werden, § 16 II StGB. Der Grund für diese Regelung liegt darin, dass dem Täter nach dem Schuldprinzip verwirklichtes Unrecht nur insoweit als vorsätzlich verwirklichtes Unrecht vorgeworfen werden kann, als es von seinem Wissen und Wollen erfasst ist.[18] § 16 II StGB hat jedoch nur einen sehr engen Anwendungsbereich, weil es im StGB kaum noch Privilegierungstatbestände gibt.[19] Als einzig sinnvoller Anwendungsfall bleibt die Tötung auf Verlangen, § 216 StGB.[20]

§ 216 StGB | **34**   **BEISPIEL:** Krankenschwester K tötet den unheilbar kranken Patienten P durch eine Überdosis Insulin, weil sie aufgrund eines Missverständnisses glaubt, dies sei sein dringlichster Wunsch. Es ist davon auszugehen, dass bei tatsächlichem Vorliegen des Todeswunsches die Voraussetzungen des § 216 StGB erfüllt wären.

Sperrwirkung der Privilegierung | Objektiv und subjektiv liegen die Voraussetzungen des Totschlags vor. Die Voraussetzungen der Tötung auf Verlangen, § 216 StGB, sind nur subjektiv, aber nicht objektiv gegeben. Somit liegt eigentlich neben dem Totschlag ein untauglicher Versuch einer Tötung auf Verlangen vor.[21] In diesem Fall des geminderten subjektiven Unrechts (wegen der Vorstellung, es läge ein Todesverlangen i.S.d. § 216 StGB vor), wäre die Bestrafung des Täters wegen Totschlags oder gar Mordes unangemessen.[22] Deshalb ordnet § 16 II StGB in Anwendung auf den Beispielsfall an, dass K nur entsprechend ihrer Vorstellung nach dem milderen Gesetz, § 216 StGB, bestraft werden kann. Diese Bestrafung muss dann aber natürlich eine solche aus dem vollendeten Delikt sein, um deutlich zu machen, dass P tatsächlich getötet wurde.[23] Hinter den vollendeten § 216 StGB tritt dann § 212 StGB zurück, sog. „**Sperrwirkung der Privilegierung**". Ein Versuch des § 216 StGB käme nur in Betracht, wenn das Leben des P noch hätte gerettet werden können.

Tatbestandsverschiebung | **35**   **KLAUSURHINWEIS**

In einer Klausur sollte mit der Prüfung des Privilegierungstatbestandes des § 216 StGB begonnen werden. Innerhalb des Merkmals des Todesverlangens sollte nach seiner objektiven Ablehnung der Hinweis erfolgen, dass der Täter sich das Todesverlangen aber vorgestellt hat. Dann ist § 16 II StGB prüfen und mit der Folge einer Verschiebung des Tatbestandes weg von den §§ 212, 211 StGB hin zu § 216 StGB anzuwenden. Danach folgen die Prüfungen von Vorsatz, Rechtswidrigkeit und Schuld.

---

18   S/S-Sternberg-Lieben/Schuster, StGB, § 16 Rn 26
19   Küper, JURA 2007, 260, 260
20   S/S-Sternberg-Lieben/Schuster, StGB, § 16 Rn 26
21   Küper, JURA 2007, 260, 261
22   Knobloch, JuS 2010, 864, 866; Küper, JURA 2007, 260, 263
23   S/S-Sternberg-Lieben/Schuster, StGB, § 16 Rn 26; Kühl, AT, § 13 Rn 16

IV. DER IRRTUM ÜBER DEN KAUSALVERLAUF

1. Allgemeines

Die bisher dargestellten Sachverhaltsirrtümer auf Tatbestandsebene weisen die Gemeinsamkeit auf, dass der Erfolg aus der Sicht des Täters am falschen Objekt eingetreten ist. Es gibt jedoch auch Probleme, wenn der Erfolg zwar am richtigen Objekt eintritt, aber in anderer Weise als vorgestellt. Man spricht insofern von einem Irrtum über den Kausalverlauf. Da die Kausalität ein objektives Tatbestandsmerkmal darstellt auf welches sich der Vorsatz des Täters beziehen muss,[24] könnte bei derartigen Fällen ein den Vorsatz ausschließender Tatbestandsirrtum vorliegen. Bei den Irrtümern über den Kausalverlauf werden das einaktige und das mehraktige Geschehen unterschieden.

36 Erfolgseintritt in bloß anderer Weise

2. Das einaktige Geschehen

Irrtümer über den Kausalverlauf bei einaktigem Geschehen sind dadurch gekennzeichnet, dass der Täter eine Handlung vornimmt, die aus seiner Sicht den tatbestandlichen Erfolg in einer bestimmten Weise herbeiführen soll. Tatsächlich führt die Handlung des Täters den gewollten Erfolg im Ergebnis auch herbei, jedoch auf andere Weise, als vom Täter vorgestellt.

37

BEISPIEL 1: A will P durch einen Schuss in den Rücken töten. Im Moment der Abgabe des Schusses dreht sich P plötzlich um und wird durch die Kugel des A in der Brust tödlich getroffen.

> **KLAUSURHINWEIS**
>
> In derartigen Fällen ist stets zunächst sorgfältig zu prüfen, ob dem Täter der Erfolg überhaupt **objektiv zuzurechnen** ist. Nur wenn dies zu bejahen ist, erlangt der Prüfungspunkt des Vorsatzes überhaupt Relevanz. Anderenfalls liegt ein **atypischer Kausalverlauf** vor, der die objektive Zurechnung ausschließt.[25]

38 Kein atypischer Kausalverlauf

In Beispiel 1 hat A durch die Abgabe des Schusses auf den Rücken des P auch die Gefahr geschaffen, dass P aufgrund einer Bewegung „in letzter Sekunde" auch an einer anderen Stelle seines Körpers getroffen werden kann. Diese Gefahr hat sich durch den Treffer in der Brust verwirklicht, weshalb A der Tod des P objektiv zuzurechnen ist.

Ist die objektive Zurechnung zu bejahen, stellt sich die Frage nach dem Vorsatz des Täters hinsichtlich des Kausalverlaufs. Da der Kausalverlauf meist nur unvollkommen voraussehbar ist, stellt sich die Frage, wann eine Abweichung des wirklichen vom vorgestellten Kausalverlauf so wesentlich ist, dass der Irrtum als Tatbestandsirrtum i.S.d. § 16 I 1 StGB anzusehen ist.

39 (Un-) wesentliche Abweichung

24   BGHSt 7, 325, 327
25   Gropp, AT, § 13 Rn 66 f.; Kühl, AT, § 13 Rn 42; vgl. dazu Schweinberger, Jl-Skript Strafrecht AT I, Rn 143 ff.

40 **DEFINITION**

Der **Irrtum über den Kausalverlauf** ist **unwesentlich** – mit der Folge, dass der Vorsatz zu bejahen ist -, wenn sich das tatsächliche Geschehen noch in den Grenzen des nach allgemeiner Lebenserfahrung Voraussehbaren hält und keine andere Bewertung der Tat gerechtfertigt ist.[26]

41 **BEISPIEL 2** (nach RGSt 70, 257): T wollte O durch Schläge mit einem Beil töten. O starb aber nicht daran, sondern an der eingetretenen Wundinfektion.

Dass ein durch Beilhiebe schwer verletztes Opfer an einer Wundinfektion stirbt, stellt keinen atypischen Kausalverlauf dar. Der Tod des O ist dem T folglich zuzurechnen. T wollte auch den Todeserfolg des O, es fragt sich aber, ob er auch Vorsatz hinsichtlich des tatsächlichen Kausalverlaufs hatte, der zur Tötung führte.

42 Ausgehend von obiger Definition liegt es noch in den Grenzen der allgemeinen Lebenserfahrung, dass ein durch Beilhiebe schwer verletztes Opfer an einer Wundinfektion verstirbt. Auch eine andere Tatbewertung ist nicht gerechtfertigt. Wenn der Täter auf sein Opfer mit einem Beil einschlägt, um es zu töten, macht es keinen Unterschied, ob das Opfer sofort durch die Schläge getötet wird, oder ob es innerhalb der nächsten Minuten verblutet oder an einer Wundinfektion verstirbt. Der Täter kann sich nicht eine bestimmte Form des Todeseintritts als von seinem Vorsatz erfasst heraussuchen und sich bei allen anderen medizinisch denkbaren Formen des Todeseintritts auf mangelnden Vorsatz berufen.[27] Folglich hat T vorsätzlich gehandelt.

Gleiches gilt in obigem Beispiel 1.

BEISPIEL 3: Gleiches gilt, wenn das geschlagene und getretene Opfer an stressbedingtem Herzversagen stirbt.[28]

3. Das mehraktige Geschehen

Dolus generalis **43** Die eben dargestellte Lösung der Fälle „einaktigen Geschehens" ist „eigentlich evident" und wird deshalb von Prüfern regelmäßig als zu leicht empfunden. Das eigentliche Problem bilden die Fälle des Irrtums über den Kausalverlauf bei einem mehraktigen Geschehen. In Anlehnung an eine früher vertretene Meinung, die dem Täter einen allgemeinen Vorsatz unterstellen wollte, wird dieses Problem verbreitet mit **„dolus generalis"** bezeichnet.[29] Diese Fallkonstellation unterscheidet sich vom einaktigen Geschehen dadurch, dass der Täter durch einen ersten Akt den tatbestandlichen Erfolg herbeigeführt zu haben glaubt, während er ihn in Wirklichkeit erst durch den zweiten Akt herbeiführt. Dadurch handelt der Täter „eigentlich" nur im ersten Teilakt mit Vorsatz, während der Vorsatz im zweiten Teilakt „eigentlich" fehlt, weil der Täter ja glaubt, den Erfolg bereits herbeigeführt zu haben. Es ist streitig, wie derartige Fälle zu behandeln sind.

---

26   BGHSt 38, 32, 34; 7, 325, 329; Heinrich, AT, Rn 1091
27   RGSt 70, 257, 258 f.; Jescheck/Weigend, AT, § 29 V 6 b; kritisch MK-Joecks, StGB, § 16 Rn 57 zum sog. „Brückenpfeiler-Fall"
28   BGH, HRRS 2011 Nr. 1137
29   Z.B. Kühl, AT, § 13 Rn 46; Sowada, JURA 2004, 814, 814

BEISPIEL 1 (nach BGHSt 14, 193 „Jauchegruben-Fall"): T will, nachdem sie das Opfer O umgebracht zu haben glaubt, die vermeintliche Leiche in einer Jauchegrube entsorgen. Erst dadurch kommt der vermeintlich tote O ums Leben.

KLAUSURHINWEIS

Noch mehr als beim einaktigen Geschehen ist eine sorgfältige Prüfung der objektiven Zurechenbarkeit des Erfolges erforderlich.[30] Für Tötungsdelikte lässt sich grundsätzlich sagen, dass es nicht atypisch ist, dass Täter, die glauben ihr Opfer getötet zu haben, Handlungen vornehmen, die auf die Verdeckung der Tat und ihrer Täterschaft gerichtet sind. Wenn in solchen Situationen tatsächlich noch lebende Personen wie Tote behandelt werden, ist es ebenfalls nicht atypisch, dass die Opfer dabei ums Leben kommen.[31]

44 Kein atypischer Kausalverlauf

Nach einer Auffassung sind beide Teilakte der Tat, deren Zäsur der Zeitpunkt bilde, zu dem der Täter das Opfer irrigerweise für tot halte, einer separaten rechtlichen Würdigung zu unterziehen. Mithin kommt eine Strafbarkeit wegen Versuchs (durch den ersten Akt) und Fahrlässigkeit (durch den zweiten Akt) in Betracht.[32] Gegen diese sog. Versuchslösung spricht, dass sie das Geschehen stets willkürlich in zwei Teile aufspaltet, obwohl es sich (zumindest in den meisten Fällen) um einen einheitlichen Lebensvorgang handelt. Auch verkennt sie, dass der Vorsatz nicht im Zeitpunkt des Erfolgseintritts vorliegen muss, sondern lediglich zu dem Zeitpunkt, zu dem der Täter die Tathandlung vornimmt.

45 Versuchslösung = **Trennungstheorie**

Nach einer anderen Ansicht, der Theorie vom Gesamtvorsatz, ist danach zu differenzieren, ob der Täter den zweiten Akt (im Beispiel 1 die Beseitigung der Leiche in der Jauchegrube) bereits von Anfang an geplant hatte, oder nicht.[33] Habe der Täter das Geschehen von Beginn an als Einheit geplant, so könne es keinen Unterschied machen, in welchem Zeitpunkt des Gesamtgeschehens der Erfolg eintrete. Der Täter sei in diesem Fall wegen vorsätzlicher vollendeter Tat zu bestrafen. Habe der Täter demgegenüber den Entschluss zum zweiten Akt erst nachträglich gefasst, so sei eine Zäsur anzuerkennen, die den Vorsatz des Täters enden lasse. In diesem Fall komme es dann nur zu einer Strafbarkeit wegen Versuchs (durch den ersten Akt) und Fahrlässigkeit (durch den zweiten Akt). Gegen diese Meinung spricht, dass sie dem Einlassungsgeschick des Täters Tür und Tor öffnet. Der Täter muss nur vortragen, dass er den Entschluss zum zweiten Teilakt erst später gefasst habe, was in der Praxis schwer zu widerlegen ist, um sich der Strafbarkeit wegen vorsätzlicher Vollendung zu entziehen.

46 **Theorie vom Gesamtvorsatz**

Deshalb stellt die h.M. auch in dieser Variante des Irrtums über den Kausalverlauf nur darauf ab, ob die Abweichung des tatsächlichen vom vorgestellten Kausalverlauf wesentlich ist.[34] Hierfür gilt die gleiche Definition wie oben beim einaktigen Geschehen. Ob eine andere Bewertung der Tat gerechtfertigt ist, bestimmt sich

47 H.M.: **Wesentlichkeitstheorie**

---

30 *Valerius, JA 2006, 261, 264*
31 *Buttel/Rotsch, JuS 1995, 1096, 1097; Sowada, JURA 2004, 814, 815*
32 *Kühl, AT, § 13 Rn 48; Kalkoven/Sievert, JURA 2011, 229, 230; Noltensmeier/Henn, JA 2007, 772, 774*
33 *SK-Rudolphi/Stein, StGB, § 16 Rn 38; ähnlich Stratenwerth/Kuhlen, § 8 Rn 93*
34 *BGHSt 7, 325, 329; 14, 193, 194 (Jauchegrube); 38, 32, 34; S/S-Sternberg-Lieben/Schuster, StGB, § 15 Rn 58; Heinrich, AT, Rn 1098; Wessels/Beulke/Satzger, AT, Rn 265; Exner, ZJS 2009, 516, 521*

wertend z.B. danach, ob der Täter mit Tötungsabsicht oder mit bloßem Eventual-vorsatz gehandelt hat,[35] ob der Täter ein Angreifer oder ein Verteidiger war oder nach sonstigen Tatumständen, die eine andere rechtliche Bewertung der Tat ermöglichen können. Das Merkmal der „anderen Bewertung der Tat" bietet vor diesem Hintergrund die Möglichkeit zu einer einzelfallgerechten Fallbeurteilung.[36]

48   BEISPIEL 2 (nach OGH 1, 74): T will, nachdem er das Opfer O in Tötungsabsicht gewürgt hat und dadurch umgebracht zu haben glaubt, einen Selbstmord durch Erhängen vortäuschen. Erst dadurch kommt der vermeintlich Tote O ums Leben.

Nach der Versuchslösung hat T durch das Würgen versucht, den O zu töten und ihn später durch das Erhängen fahrlässig getötet. Nach der Theorie vom Gesamtvorsatz käme es auf die Frage an, ob T von Anfang an geplant hatte, einen Selbstmord des O durch Erhängen vorzutäuschen. Nach der herrschenden Wesentlichkeitstheorie gilt, dass sich das Geschehen (entsprechend den Ausführungen zur Zurechenbarkeit des Erfolges) in den Grenzen der allgemeinen Lebenserfahrung bewegt. Da T mit Tötungsabsicht als Angreifer agiert, ist auch keine andere Bewertung der Tat gerechtfertigt. T hat hinsichtlich des Todes des O vorsätzlich gehandelt und sich folglich wegen vorsätzlicher vollendeter Tötung strafbar gemacht.

49   KLAUSURHINWEIS

Das Problem ist im **Vorsatz zum Kausalverlauf** und nicht beim Vorsatz zum Erfolgseintritt zu behandeln. Zu beachten ist, dass – entgegen der obigen lehrbuchhaften Erklärung – in einer Klausur jede Meinung erst auf den konkreten Fall anzuwenden ist und eine Stellungnahme nur insoweit nötig (zulässig) ist, soweit die Meinungen zu unterschiedlichen Ergebnissen kommen. Sofern der Vorsatz abgelehnt wird, ist die Vollendungsstrafe aus dem Vorsatzdelikt abzulehnen und eine Strafbarkeit zunächst wegen Versuchs und dann wegen Fahrlässigkeit (chronologischer Aufbau) zu prüfen. Innerhalb der Versuchsprüfung ist bei der Vorprüfung im Rahmen der Nichtvollendung z.B. wie folgt zu formulieren: „Zwar ist O tot, jedoch liegt aus den genannten Gründen ein rechtlicher Fall der Nichtvollendung vor."

4. Der „umgekehrte" Irrtum über den Kausalverlauf

Vorzeitiger
Erfolgseintritt

50   Der Fall des Irrtums über den Kausalverlauf beim mehraktigen Geschehen kann auch umgekehrt werden. In diesem Fall tritt der Erfolg bereits früher als gewollt ein.

BEISPIEL 1: T will den gefesselten O, den er schon mit Benzin übergossen hat, bei lebendigem Leibe verbrennen. Als T das Feuerzeug herausholt, um die zu O führende Benzinspur anzuzünden, stirbt O schon aus lauter Panik an einem Herzinfarkt. Um Spuren zu verwischen, zündet T die Leiche des O an.

Maßgeblich:
Eintritt in das
Versuchsstadium

51   Bewirkt der Täter, der nach seiner Vorstellung vom Tatablauf den Taterfolg erst durch eine spätere Handlung herbeiführen will, diesen tatsächlich bereits durch eine frühere, so kommt eine Verurteilung wegen vorsätzlicher Herbeiführung des

---

35   Roxin, AT I, § 12 Rn 177, der dies als alleiniges Kriterium verwendet
36   Ausführliche und weiter differenzierende Streitdarstellung bei Sowada, JURA 2004, 814 ff.

Taterfolgs über die Rechtsfigur der unerheblichen Abweichung des tatsächlichen vom vorgestellten Kausalverlaufs nur dann in Betracht, wenn er bereits vor der Handlung, die den Taterfolg verursacht, die Schwelle zum Versuch überschritten hat oder sie zumindest mit dieser Handlung überschreitet. Denn Handlungen im Vorbereitungsstadium mögen zwar der Umsetzung des Tatplans dienen, setzen nach der Vorstellung und dem Willen des Täters aber noch nicht den unmittelbar in die Tatvollendung einmündenden Kausalverlauf in Gang, sodass sich mangels eines rechtlich relevanten Vorsatzes die Frage einer (wesentlichen oder unwesentlichen) Abweichung des tatsächlichen vom vorgestellten Kausalverlauf nicht stellt. Wird der Taterfolg schon durch eine Vorbereitungshandlung bewirkt, kommt daher nur eine Verurteilung wegen fahrlässiger Verursachung dieses Erfolgs in Betracht.[37] Mit anderen Worten: Wer niemals vorsätzlich mit dem Töten begonnen hat, kann nicht vorsätzlich getötet haben.[38] Oder nochmals anders formuliert: Sobald der Täter in das Stadium des (Tötungs-)Versuchs eingetreten ist, trägt er das Risiko, dass nunmehr auch der tatbestandliche Erfolg eintritt.

BEISPIEL 2 (nach BGH, NStZ 2002, 475, „Luftinjektions-Fall"): Die Täter schlagen auf das Opfer im Hals- und Kopfbereich ein, um es anschließend durch die Injektion von Luft in die Armvene zu töten. Entgegen der Vorstellung der Täter verstirbt das Opfer nicht erst an der Injektion, sondern bereits an den Schlägen, was diese jedoch nicht bemerken.

52   Luftinjektions-Fall

Im Beispiel 2 liegt in der Gewaltanwendung mit dem Ziel, das Opfer wehrlos zu machen, bereits das unmittelbare Ansetzen zur Tötung i.S.d. § 22 StGB. Nach der Wehrlosigkeit des Opfers sollte diesem sofort die Luftinjektion verabreicht werden, sodass das Geschehen eine Einheit bildet. Folglich sind die Täter wegen vollendeter vorsätzlicher Tötung zu bestrafen.[39] Demgegenüber sind in Beispiel 1 das Fesseln des Opfers, das Übergießen mit Benzin und das bloße Herausholen des Feuerzeugs noch Vorbereitungshandlungen. Mit der „eigentlichen" Tötungshandlung hatte T noch nicht begonnen. Deshalb hat er sich nur wegen fahrlässiger Tötung gem. § 222 StGB strafbar gemacht.[40]

KLAUSURHINWEIS

Diese Konstellation bereitet deshalb häufig besondere Probleme, weil sie innerhalb der Vorsatzprüfung des vollendeten Delikts eine Inzidentprüfung des unmittelbaren Ansetzens zum Versuch verlangt.[41] Dahinter steckt die Überlegung, dass der Versuch das Durchgangsstadium zur Vollendung darstellt. Hat der Täter das Stadium des Versuchs (also das Durchgangsstadium) jedoch noch gar nicht erreicht, so kann er erst Recht noch nicht das „Endstadium" des vorsätzlichen vollendeten Delikts erreicht haben.

53   Inzidente
Prüfung des
unmittelbaren
Ansetzens

---

37   BGH, NStZ 2002, 475, 476; 309, 309; Roxin, AT I, § 12 Rn 184

38   Herzberg, JuS 1985, 1, 8

39   BGH, NStZ 2002, 475, 476; zur a.A. vgl. die Nachweise bei Roxin, AT I, § 12 Rn 185 ff.

40   Die Fesselung begründet § 239 I StGB (u.U. auch § 223 I StGB) und das Übergießen mit dem Benzin § 303 I hinsichtlich der Kleidung.

41   Gaede, JuS 2002, 1058, 1061 f.; Sowada, JURA 2004, 814, 817

V. DIE IDENTITÄTSTÄUSCHUNG/OBJEKTSVERWECHSLUNG (ERROR IN PERSONA VEL OBJECTO)

Irrtum über Identität des Opfers

54   Ein besonderer Fall des Sachverhaltsirrtums auf Tatbestandsebene ist der Irrtum des Täters über die Identität des getroffenen Opfers oder Tatobjekts. Dieser Irrtum könnte ebenfalls ein Tatbestandsirrtum gem. § 16 I 1 StGB sein, da der Täter sich ja über reale Gegebenheiten irrt. Dies würde voraussetzen, dass der Täter einen Umstand nicht kennt, der zum gesetzlichen Tatbestand gehört. Sofern der in Frage stehende Tatbestand jedoch das geschützte Rechtsgut nur gattungsmäßig (z.B. „Mensch" in § 212 I StGB) beschreibt, ist die Personen- bzw. Objektsverwechslung bedeutungslos. Der Täter weiß in diesem Fall, dass er ein vom Tatbestand geschütztes Rechtsgut verletzt und will dies auch, weshalb er vorsätzlich handelt.

55   **BEISPIEL 1:** T will seinen Nachbarn N ärgern und ihm in der Nacht das Auto zerkratzen. In der Dunkelheit verwechselt er jedoch die Autos und zerkratzt den Wagen des Nachbarn M.

Gleichwertige Objekte

Fraglich ist, ob sich T wegen Sachbeschädigung, § 303 I StGB, strafbar gemacht hat. Es könnte T am notwendigen Vorsatz fehlen, weil er den Wagen des M gar nicht beschädigen wollte. Am Vorsatz würde es fehlen, wenn T wegen eines Sachverhaltsirrtums einen Umstand nicht gekannt hätte, der zum gesetzlichen Tatbestand gehört, § 16 I 1 StGB.

Error in objecto

56   § 303 I StGB setzt voraus, dass eine fremde Sache beschädigt wird. Dass er eine fremde Sache beschädigt, wusste und wollte T. Wer genau Eigentümer der beschädigten Sache ist, ist kein Merkmal des § 303 I StGB, auf das sich der Vorsatz des Täters beziehen muss.[42] Folglich ist die Verwechslung des Objekts (error in objecto) für den Vorsatz des T unschädlich.

Error in persona

Nichts anderes würde im Bereich der Körperverletzung, § 223 I StGB, gelten, wenn T in der Nacht dem N eine Ohrfeige geben will, jedoch in der Dunkelheit N und M verwechselt und den M ohrfeigt (error in persona).

57   **KLAUSURHINWEIS**

Ein verbreiteter Fehler in Klausuren liegt darin, dass in derartigen Fällen schlicht geschrieben wird, der Täter befinde sich in einem unbeachtlichen error in persona bzw. in objecto. Damit ist jedoch die Unbeachtlichkeit des Irrtums nicht begründet, sondern bloß behauptet. Dass der Irrtum unbeachtlich ist, ist am Gesetz nachzuweisen, indem aufgezeigt wird, dass der Umstand, über den sich der Täter irrt, keiner ist, auf den sich gem. § 16 I 1 StGB sein Vorsatz beziehen muss.[43]

58   Die gerade dargelegten Gründe für rechtliche Bedeutungslosigkeit des error in persona/objecto führen zu einer weiteren ganz wichtigen Erkenntnis im Bereich der Irrtumslehre:

---

42   Kühl, AT, § 13 Rn 23 f., für den Fall des § 212 StGB
43   Hardtung, JuS 2006, 54, 55

MERKSATZ

Es muss zwischen rechtlich **beachtlichen** und rechtlich **unbeachtlichen Irrtümern** unterschieden werden.

Unterscheide beachtliche und unbeachtliche Irrtümer

Nicht jeder Irrtum des Täters kann Auswirkungen auf die rechtliche Bewertung seiner Tat haben.

BEISPIEL 2: T will seinem Nachbarn N durch eine kräftige Ohrfeige am 1. März den Geburtstag vermiesen. Kräftig schlägt er zu. Später stellt er fest, dass der Tattag erst der 29. Februar war, weil er nicht an das diesjährige Schaltjahr gedacht hatte.

Natürlich befindet sich T auch in Beispiel 2 in einem Irrtum, indem er sich über das Datum des Tattages irrt. Hierbei handelt es sich auch um einen Irrtum über tatsächliche Umstände, also einen Sachverhaltsirrtum. Dennoch ist es evident, dass dieser Irrtum für die rechtliche Würdigung der Tat des T völlig bedeutungslos ist. Dies ist so klar, dass man sich fragen mag, warum dies hier extra hervorgehoben wird. Der Grund hierfür liegt darin, dass mit Beispiel 2 das Prinzip des unbeachtlichen Irrtums nochmals verdeutlicht werden soll. Die Aufgabe der Strafrechtslehre – und damit auch die Aufgabe in der Klausur – liegt darin, die Trennungslinie zwischen beachtlichen und unbeachtlichen Irrtümern zu definieren.

Zurück zum error in objecto/persona in Beispiel 1:

Man könnte auf die Idee kommen, den Täter beim error in persona vel objecto neben der Vorsatztat am getroffenen Objekt zusätzlich wegen Versuchs am eigentlich gewollten Objekt zu bestrafen. Beide Delikte würden in diesem Fall zueinander im Verhältnis der Tateinheit gem. § 52 StGB treten. Im obigen Beispiel 1 würde dies bedeuten, dass sich T wegen vollendeter Sachbeschädigung zum Nachteil des M in Tateinheit mit versuchter Sachbeschädigung zum Nachteil des N strafbar gemacht hätte.

59 Kein weiterer Versuch am gewollten Objekt

Ein derartiger Versuch kann schon deshalb nicht angenommen werden, weil der Täter nur Vorsatz zur Verletzung eines einzigen Rechtsguts hatte. Dieser eine Vorsatz ist jedoch mit der Bejahung des Vorsatzes hinsichtlich des tatsächlich getroffenen Objekts schon „verbraucht", er darf keinesfalls doppelt verwertet werden.[44]

KLAUSURHINWEIS

Im Gutachten ist zunächst die Vollendung am tatsächlich getroffenen Objekt zu bejahen. Dann ist der Versuch am eigentlich gewollten Objekt zu prüfen. Im Rahmen des Tatentschlusses ist dieser dann mit dem Argument der **verbotenen Doppelverwertung** des Vorsatzes abzulehnen.

MERKSATZ

60

Der **error in persona (vel objecto)** ist kein Tatumstandsirrtum i.S.d. § 16 I 1 StGB und schließt deshalb bei rechtlicher Gleichwertigkeit der Objekte den Vorsatz des Täters nicht aus. Ein derartiger Irrtum ist folglich unbeachtlich.[45]

---

44   Im Ergebnis ebenso Wessels/Beulke/Satzger, AT, Rn 249a
45   BGHSt 11, 268, 270

Ungleichwertige Objekte

61 Anders gelagert ist der Fall, wenn sich die Verwechslung auf rechtlich ungleichwertige Objekte bezieht. In diesem Fall scheidet in Bezug auf das tatsächlich verletzte Rechtsgut die Annahme von Vorsatz aus. Hinsichtlich der gewollten Rechtsgutsverletzung kommt eine Bestrafung wegen eines (untauglichen) Versuchs in Betracht.

> **BEISPIEL 3:** A ist wütend auf den Schneidermeister S, da dieser seinen Hochzeitsanzug verschnitten hat, was vor allem die Familie der Braut sehr erheiterte. Von der dem Laden gegenüberliegenden Seite der Straße gibt er deshalb einen Schuss auf S ab, um ihn zu töten. Die von der Kugel getroffene Schaufensterpuppe kippt um. Enttäuscht erkennt A, der die Puppe für S gehalten hatte, seine Verwechslung und geht nach Hause.

Versuch

62 A hatte Vorsatz, einen Menschen zu töten. Das anvisierte Objekt war jedoch bloß eine Schaufensterpuppe. Da A nach seiner Vorstellung von der Tat, vgl. § 22 StGB, zur Tötung eines Menschen unmittelbar angesetzt hat, hat er sich wegen versuchten Totschlags (oder gar Mordes) strafbar gemacht. Dass das anvisierte Objekt gar kein Mensch war, führt dazu, dass der Versuch als ein untauglicher Versuch an einem untauglichen Objekt anzusehen ist. Auch der untaugliche Versuch ist jedoch strafbar, wie sich schon aus dem Umkehrschluss aus § 23 III StGB ergibt. Wenn dort selbst für den Fall des groben Unverstands eine Strafmilderung oder gar ein Absehen von Strafe in Aussicht gestellt wird, so beinhaltet dies, dass die Tat strafbar ist.[46]

Fahrlässigkeit

63 Hinsichtlich des tatsächlichen getroffenen Objekts könnte ein Sorgfaltspflichtverstoß vorliegen, der zu einer Bestrafung wegen fahrlässiger Tatbegehung führt. Da eine fahrlässige Sachbeschädigung jedoch nicht strafbar ist, vgl. § 303 StGB und § 15 StGB, bleibt A insofern ohne Strafe.

64 | **MERKSATZ**
Sind im Fall der **Objektsverwechslung** die Objekte rechtlich ungleichwertig, so kommt für den Täter hinsichtlich des gewollten Objekts eine Bestrafung wegen (untauglichen) Versuchs und hinsichtlich des tatsächlich getroffenen Objekts eine Bestrafung wegen Fahrlässigkeit in Betracht.

VI. DAS FEHLGEHEN DER TAT (ABERRATIO ICTUS)

65 Einen weiteren Sonderfall des Sachverhaltsirrtums auf Tatbestandsebene bilden die Fälle, in denen die Tat fehlgeht. Im Unterschied zum Fall der bloßen Objektsverwechslung (error in persona vel objecto) trifft der Täter in diesen Fällen sein anvisiertes Objekt nicht, sondern ein anderes Objekt, welches er gerade nicht treffen wollte. Der Täter unterliegt also keiner bloßen Verwechslung, sondern schießt, schlägt oder wirft daneben. Man spricht in diesem Fall folglich von einem **Fehlgehen der Ta**t, einer aberratio ictus.[47]

---

46   *Schweinberger, JI-Skript Strafrecht AT I, Rn 926*

47   *„Fehlgehen des Hiebes" von ‚aberratio, aberrationis fem.' = das Abirren und von ‚ictus, ictus mask.' = des Hiebes oder Wurfes*

Ein Fehlgehen der Tat ist jedoch nicht gegeben, wenn der Täter hinsichtlich des tatsächlich getroffenen Objekts zumindest mit Eventualvorsatz handelt. In diesem Fall liegt deshalb kein Fehlgehen der Tat vor, weil der Täter mehrere Vorsätze hat und sich zumindest einer der gewollten Erfolge eingestellt hat.

66 Vorsatz bzgl. mehrerer Objekte

In derartigen Fällen liegt dann entweder ein **alternativer Vorsatz** (dolus alternativus)[48] oder ein **kumulativer Vorsatz** (dolus cumulativus)[49] vor.

Abgrenzung zum alternativen und kumulativen Vorsatz

BEISPIEL 1 (nach BGH, NStZ 2009, 210 = RA 2008, 791): X findet seine Frau F und deren Liebhaber L schlafend auf dem Sofa vor. L liegt auf F. X nimmt ein Beil, stellt sich neben das Sofa und holt aus, um L das Beil auf den Kopf zu schlagen. Dabei nimmt er in Kauf, die unter L liegende F zu treffen. Der mit großer Wucht geführte Schlag trifft und tötet F.

67 Vorsatz

In Beispiel 1 geht die Tat des X gar nicht fehl, da er insgesamt zwei Objekte anvisiert hat und eines dieser Objekte auch getroffen hat. Zwar wollte er primär L treffen, was sich jedoch allenfalls auf den Vorsatzgrad (Absicht und bezüglich der anderen Person nur Eventualvorsatz) auswirkt. In diesem Fall ist X also wegen Totschlags an F zu bestrafen. Fraglich ist nur, ob es zusätzlich noch zu einer in Tateinheit, § 52 StGB, stehenden Bestrafung wegen versuchten Totschlags an L kommt. Dies hängt davon ab, wie man den Fall des alternativen Vorsatzes löst. Teilweise wird eine Strafbarkeit wegen tateinheitlich begangenen Versuchs mit dem Hinweis darauf abgelehnt, dass der Vorsatz des Täters mit der Vollendungsbestrafung „verbraucht" sei.[50] Das kann jedoch nicht überzeugen, da der Täter gerade mehrere Vorsätze aufweist, weshalb ja auch gerade gar kein Irrtum des X und auch kein Fall des Fehlgehens der Tat vorliegt.[51] Jeder dieser Vorsätze des Täters darf und muss verwertet werden, weshalb im Beispiel 1 auch ein Versuch an L zu bejahen ist.

Bestrafung wegen mehrerer Vorsatztaten

KLAUSURHINWEIS

68

In einer Klausur muss vor der Annahme einer aberratio ictus stets geprüft werden, ob der Täter hinsichtlich des getroffenen Objekts zumindest mit Eventualvorsatz gehandelt hat. Nur wenn dies zu verneinen ist, liegt ein Fehlgehen der Tat vor.

Liegt hinsichtlich des getroffenen Objekts kein Eventualvorsatz vor, ist die Tat fehlgegangen. In diesem Fall ist für die Lösung des Falles danach zu differenzieren, ob die Objekte rechtlich gleichwertig oder ungleichwertig sind.

69 Fehlgehen der Tat

Soweit die Objekte ungleichwertig sind, ist die Lösung offensichtlich. In diesem Fall kommt nur eine Strafbarkeit wegen Versuchs an dem anvisierten Objekt und fahrlässiger Verletzung des getroffenen Tatobjekts in Betracht.[52]

70 Objekte sind ungleichwertig

BEISPIEL 2: A will seinem Nachbarn N mit einem Stein die Fensterscheibe einwerfen. Das Fenster ist jedoch, was A nicht erkannt hatte, offen, sodass der Stein unerwartet weit ins Zimmer fliegt und den im Zimmer sitzenden N trifft und verletzt.

---

48   Schweinberger, Jl-Skript Strafrecht AT I, Rn 220 ff., 770
49   Schweinberger, Jl-Skript Strafrecht AT I, Rn 219, 770
50   Kühl, AT, § 13 Rn 31; unklar BGH, NStZ 2009, 210, wo ein Versuch an L gar nicht erwähnt wird.
51   Roxin, AT I, § 12 Rn 164
52   Jescheck/Weigend, AT, § 29 V 6 c; Kühl, AT, § 13 Rn 30

In Beispiel 2 ist A wegen versuchter Sachbeschädigung in Tateinheit mit fahrlässiger Körperverletzung zu bestrafen.

Objekte sind
gleichwertig

71 Schwieriger ist die Lösung, wenn die Objekte gleichwertig sind.

> **BEISPIEL 3:** T will O eine kräftige Ohrfeige verpassen. O duckt sich jedoch und T ohrfeigt dadurch dessen Frau P, die neben O stand.

Wenn sich Beispiel 3 von Beispiel 1 dadurch unterscheidet, dass der Täter hinsichtlich des getroffenen Objekts keinen (Eventual-) Vorsatz aufweist, scheint die Lösung von Beispiel 3 auf der Hand zu liegen: T hat sich wegen versuchter Körperverletzung an O und fahrlässiger Körperverletzung an P strafbar gemacht. Weil T jedoch einen Menschen verletzen wollte und einen Menschen verletzt hat, stellt sich die Frage, ob er nicht dennoch wegen vorsätzlicher vollendeter Körperverletzung bestraft werden kann. Deshalb ist die rechtliche Behandlung des Fehlgehens der Tat in den Fällen umstritten, in denen anvisiertes und getroffenes Objekt rechtlich gleichwertig sind.

Theorie der
formellen
Gleichwertigkeit

72 Nach einer Auffassung liegen beim Fehlgehen der Tat objektiver und subjektiver Tatbestand deckungsgleich vor, weswegen der Täter wegen vorsätzlicher vollendeter Tat zu bestrafen sei. In § 16 I StGB sei nur von den Tatumständen die Rede, die zum gesetzlichen Tatbestand gehören, nicht von dem größeren oder geringeren Ausmaß der Individualisierung des Objekts durch den Täter.[53] Nach dieser sog. **formellen Gleichwertigkeitstheorie** hätte T vorsätzlich gehandelt und wäre wegen § 223 I StGB zu bestrafen.
Die formelle Gleichwertigkeitstheorie stellt also im Ergebnis den error in persona vel objecto und die aberratio ictus auf eine Stufe. In beiden Fällen gelte, dass der Täter den tatbestandlichen Erfolg objektiv herbeigeführt habe und subjektiv habe herbeiführen wollen. Die Individualisierung des Objekts gehöre nicht zum gesetzlichen Tatbestand.

Adäquanztheorie

73 Einen gänzlich anderen Denkansatz verfolgt eine Meinung, die die aberratio ictus als unbeachtlich ansieht, wenn das Fehlgehen der Tat vorhersehbar war, und damit in der aberratio ictus faktisch einen Unterfall des Irrtums über den Kausalverlauf erblickt.[54]

H.M.: Konkreti-
sierungstheorie

74 Die herrschende **Konkretisierungstheorie** lehnt alle Versuche ab, den Vorsatz, der sich in Beispiel 3 auf O bezog, und den Erfolgseintritt bei P quasi „zusammen zu ziehen". Der Vorsatz des Täters habe sich auf das anvisierte Objekt konkretisiert, das aber nicht getroffen wurde. Folglich habe der Täter in Bezug auf das tatsächlich getroffene Objekt unvorsätzlich gehandelt.[55] Auch nach dieser Meinung käme in Beispiel 3 bzgl. P nur eine fahrlässige Körperverletzung und bzgl. O nur eine versuchte Körperverletzung in Betracht.

---

53   Dalemann/Heuchemer, JA 2004, 460, 462 f.; Heuchemer, JA 2005, 275, 275 ff.; Loewenheim, JuS 1966, 310, 313. Eine hiermit verwandte Auffassung will diese Konsequenz nur bei nicht höchstpersönlichen Rechtsgütern (z.B. Eigentum) ziehen. Seien demgegenüber höchstpersönliche, also untrennbar an den Rechtsgutträger gebundene Rechtsgüter (z.B. Leben, körperliche Unversehrtheit, Freiheit, Ehre) betroffen, beziehe sich der Vorsatz nur auf das anvisierte Objekt (Hillenkamp, Die Bedeutung von Vorsatzkonkretisierungen bei abweichendem Tatverlauf (1971), S. 85 ff.). Diese sog. materielle Gleichwertigkeitstheorie würde in Beispiel 3 einen Vorsatz bezüglich P ablehnen und insoweit T nur wegen fahrlässiger Körperverletzung bestrafen können. Hinsichtlich des O läge ein Versuch vor.

54   SK-Rudolphi/Stein, § 16 Rn 32; Puppe, JZ 1989, 728, 730; ähnlich Herzberg, ZStW 85 (1973) 867, 873 ff.

55   BGH, NStZ 2009, 210, 211; S/S-Sternberg-Lieben/Schuster, StGB, § 15 Rn 57; Kühl, AT, § 13 Rn 33 ff.; Rengier, AT, § 15 Rn 34; Bott/Pfister, JURA 2010, 226, 230; Esser/Röhling, JURA 2009, 866, 868

Speziell gegen die Adäquanztheorie spricht schon, dass ihr Ausgangspunkt – es **75** Stellungnahme
läge ein Irrtum über den Kausalverlauf vor – unzutreffend ist. Der Irrtum des Täters
bei der aberratio ictus bezieht sich nicht auf die Frage, wie es zum gewünschten
Erfolgseintritt kommt, sondern auf die Frage, an welchem Objekt der Erfolg eintritt.
Anders formuliert: Beim Irrtum über den Kausalverlauf tritt der Erfolg am vom Täter
gewollten Objekt ein, nur eben auf andere Weise als vorgestellt. Bei der aberratio
ictus tritt hingegen der Erfolg gerade nicht am gewünschten Objekt ein. Die Gleich-
setzung beider Fälle ist mithin unzulässig.

Gegen alle Auffassungen, die generell (so die Theorie der formellen Gleichwertigkeit) oder unter bestimmten Voraussetzungen zu einer Bejahung des Vorsatzes
hinsichtlich des tatsächlich getroffenen Objekts kommen wollen, spricht, dass sie
einen Vorsatz, der als Eventualvorsatz tatsächlich nicht feststellbar war, aus Rechts-
gründen bloß behaupten. Dadurch wird dem Täter im Ergebnis ein genereller Vorsatz
unterstellt, den dieser jedoch gerade nicht hatte.

> **KLAUSURHINWEIS**   **76** Prüfungsort:
> Im Gutachten ist im Rahmen des Vorsatzes beim vollendeten Delikt nur die   Vorsatz im
> Frage zu klären, ob die jeweilige Theorie den Vorsatz hinsichtlich des tatsäch-   Rahmen des voll-
> lichen getroffenen Objekts bejaht oder nicht. Was die Folge im Fall der Ver-   endeten Delikts
> neinung wäre (Bestrafung wegen Versuchs und Fahrlässigkeit) muss (sollte)
> an dieser Stelle nicht erwähnt werden, weil dies gar nicht Gegenstand der
> Prüfung ist. Wird der Vollendungsvorsatz mit der h.M. abgelehnt, schließen
> sich die Prüfungen wegen Versuchs und Fahrlässigkeit an. Keinesfalls sollte
> ohne Erörterung der Vollendungsstrafbarkeit mit der Versuchsprüfung
> begonnen werden, weil die Vorprüfung zur Frage der Nichtvollendung nicht
> der Ort für langwierige Ausführungen ist.[56] In der Klausur sind mindestens
> die Konkretisierungstheorie und die formelle Gleichwertigkeitstheorie anzu-
> sprechen.[57] Die weiteren Meinungen sind „Zugabe".

C. Vertiefung – 2. Ebene

I. MITTELBARE OPFERINDIVIDUALISIERUNG

Von besonderer Prüfungsrelevanz sind Fälle, in denen die Zuordnung zu den Grund-   **77** **Abgrenzung**
fällen des error in persona bzw. der aberratio ictus nicht mehr so eindeutig ist. Die   error in persona
Abgrenzung zwischen error in persona und aberratio ictus ist vor allem in den Fällen   und aberratio
streitig, in denen der Täter das Opfer nicht direkt wahrnimmt („vor sich hat"), sondern   ictus
nur mittelbar – z.B. über einen Gegenstand, den das Opfer regelmäßig benutzt –
individualisiert. Wird dann aus der Sicht des Täters das falsche Opfer getroffen, stellt
sich die Frage, ob die Tat fehlgegangen ist, oder ob eine bloß unbeachtliche Abweichung (error in persona vel objecto) vorliegt.

Klassisch sind insoweit die **Autobomben-Fälle**, in denen dann die „falsche Person"   **78** Autobomben-
in den Wagen steigt und die Bombe zündet. Der Fall kann aber variiert werden: Fälle

---

56   a.A. nur Kühl, AT, § 13 Rn 39
57   Hierauf beschränken sich z.B. auch Linke/Hacker, JA 2009, 347, 350, in ihrer Klausurlösung.

BEISPIEL: M will seine alkoholkranke Frau F los werden. Er stellt deshalb eine vergiftete Flasche Schnaps in den Kühlschrank. Er erwartet, dass F bald davon trinken und sterben wird. Stattdessen vergreift sich die Putzfrau P heimlich an dem Schnaps und stirbt.

Fraglich ist, ob M bezüglich P mit Tötungsvorsatz gehandelt hat.

Nach einer Ansicht habe der Täter den Menschen töten wollen, der aus der Flasche trinkt. Dieser sei mit P auch gestorben. Die Personenverwechslung sei gem. § 16 I 1 StGB als error in persona unbeachtlich.[58] Folglich wäre M gem. §§ 212 I (211) StGB zu bestrafen.

Die Gegenauffassung geht von einer „geistigen Anvisierung" des mittelbar durch die Flasche individualisierten Opfers F aus. Dieses sei nicht getroffen worden, sodass die Tat fehlgegangen sei.[59] Der herrschenden Konkretisierungstheorie folgend hätte sich M somit nur wegen Versuchs an F in Tateinheit mit fahrlässiger Tötung an P strafbar gemacht. Für M käme damit die optionale Strafmilderung des Versuchs gem. § 23 II StGB in Betracht.

Für eine Behandlung derartiger Fälle als error in persona spricht, dass der Täter, indem er dem Opfer eine Falle stellt, das Risiko schafft, dass die falsche Person in die Falle tappt. Er gibt damit das Geschehen aus der Hand und das Verhängnis kann seinen Lauf nehmen. Diese Gefahrschaffung darf sich durch die Annahme einer aberratio ictus nicht auch noch für den Täter zu seinem Vorteil auswirken.

79   **KLAUSURHINWEIS**

Beide Auffassungen sind gut vertretbar. Die Lösung als error in persona bietet sich vor allem an, wenn weitere Tatbeteiligte zu prüfen sind, weil sich dann die Frage nach der Auswirkung des error in persona des Haupttäters auf andere Tatbeteiligte stellt.

II. AUSWIRKUNG DES ERROR IN PERSONA DES HAUPTTÄTERS AUF ANDERE TATBETEILIGTE

80   Umstritten ist die Beantwortung der Frage, wie es sich auf die Bestrafung von anderen Tatbeteiligten auswirkt, wenn der Haupttäter einem für ihn unbeachtlichen error in persona unterliegt. Das Verständnis dieser Frage fällt u.U. leichter, wenn Grundkenntnisse zu den unterschiedlichen Formen der Tatbeteiligung vorhanden sind.[60]

1. Auswirkung des error in persona des Haupttäters bei Mittäterschaft

81   Der error in persona des die Tat unmittelbar ausführenden Täters ist kein Tatumstandsirrtum gem. § 16 I 1 StGB, d.h. er lässt den Vorsatz des Irrenden nicht entfallen, wenn die Tatobjekte gleichwertig sind. Fraglich ist, wie sich der error in persona des einen Mittäters auf die anderen Mittäter auswirkt.

---

58   BGH, NStZ 1998, 294, 295 („Sprengfalle"); Kühl, AT, § 13 Rn 27; Roxin, AT I, § 12 Rn 197; Exner, ZJS 2009, 516, 521; Kudlich, JA 2009, 185, 188 („Streubreite des Risikos")

59   Heinrich, AT, Rn 1112; Jescheck/Weigend, AT, § 29 V 6 c; Esser/Röhling, JURA 2009, 866, 868

60   Schweinberger, JI-Skript Strafrecht AT II, Rn 46 ff. zu den Voraussetzungen der Mittäterschaft, Rn 119 ff. zu denjenigen der mittelbaren Täterschaft, Rn 210 ff. zu denjenigen der Anstiftung und Rn 282 ff. zu denjenigen der Beihilfe.

a) Grundfall

Nach einer Mindermeinung handelt es sich insoweit um einen (zumindest fahrlässigen) Exzess des die Tat ausführenden Komplizen, weil nur der Angriff auf ein anderes Opfer verabredet gewesen sei.[61] Mithin käme für den die Tat nicht ausführenden Komplizen nur eine Strafbarkeit wegen Fahrlässigkeit oder wegen Verbrechensverabredung, § 30 I StGB, infrage.

82 Mindermeinung

Basierend auf dem Prinzip der wechselseitigen Zurechnung geht die h.M. davon aus, dass eine unmittelbare wechselseitige Zurechnung aller Tatbeiträge erfolgt. Für die Irrtumsfälle würden dann wieder die allgemeinen Regeln gelten. Folglich sei der für den die Tat ausführenden Mittäter unbeachtliche Irrtum für dessen Komplizen gleichermaßen unbeachtlich.[62]

Herrschende Meinung

Für die h.M. spricht, dass sich der die Tat Ausführende subjektiv im Rahmen des gemeinsamen Tatplans hält. Die Fehlindividualisierung gehört zu dem mit dem Tatplan verbundenen Risiko, für das alle Mittäter einzustehen haben.

Stellungnahme

BEISPIEL: G und H wollen V töten. Im gemeinsamen Plan fällt G die Aufgabe zu, den tödlichen Schuss abzugeben. G verwechselt V und W und tötet W.

G hat sich wegen Totschlags oder Mordes strafbar gemacht. Fraglich ist jedoch, wie sich der für den Tötungsvorsatz unbeachtliche error in persona des G auf H auswirkt. Nach der M.M. fehlt es wegen des (fahrlässigen) Exzesses des G an einem gemeinsamen Tatentschluss für die Tötung des W, weshalb H der Schuss des G nicht zugerechnet werden kann. H hat sich nur wegen Verbrechensverabredung zum Mord, § 30 I StGB, strafbar gemacht. Nach der h.M. hat sich H wegen Mordes bzw. Totschlags in Mittäterschaft, §§ 212 I (211), 25 II StGB, strafbar gemacht.

KLAUSURHINWEIS

In der Klausur könnte der Streit beim Merkmal des gemeinsamen Tatentschlusses bei der Prüfung des H wie folgt eingeleitet werden:

Fraglich ist, ob es einen gemeinsamen Tatentschluss zur Tötung des W gab, da die Täter verabredet hatten, V zu töten. Es stellt sich die Frage, wie sich der error in persona des Mittäters G auf den Mittäter H auswirkt. Man könnte der Auffassung sein, dass ... (Es folgt die Darstellung des Meinungsstreits.)

83 Formulierungsvorschlag

b) Komplize wird selbst Tatopfer („Verfolger-Fall")

Eine besondere Problematik stellt sich, wenn der Mittäter selbst zum Opfer des dem error in persona unterliegenden Komplizen wird.

84 Mittäter wird selbst zum Opfer

Nach einer Ansicht liegt in einem derartigen Fall grundsätzlich ein Mittäterexzess vor, da ansonsten der Mittäter, gegen den sich die Tat gerichtet hat, als Mittäter einer Tat „an sich selbst" bestraft werden würde. Es sei aber ausgeschlossen, dass dieselbe Person gleichzeitig Täter und Opfer einer Straftat sei.[63] Der in seinen Rechtsgütern verletzte Komplize könne folglich allenfalls wegen Verbrechensverabredung bestraft werden.

Mindermeinung

---

61   LK-Roxin, StGB, 11. A., § 25 Rn 178; Schreiber, JuS 1985, 873, 876; Seelmann, JuS 1980, 571, 572

62   S/S-Heine/Weißer, StGB, § 25 Rn 100; Kühl, AT, § 20 Rn 121 (unbeachtlich, soweit „vorprogrammiert"); Jescheck/Weigend, AT, § 63 I 2 (grundsätzlich unbeachtlich)

63   Roxin, AT II, § 25 Rn 195; Dehne-Niemann, ZJS 2008, 351, 354 ff.

Herrschende Meinung

Nach herrschender Ansicht liegt auch in derartigen Fällen grundsätzlich kein Exzess des Mittäters vor. Dass sich die Tat gegen den Komplizen selbst richte, mache diese Tat für ihn nur zu einem untauglichen Versuch, da er für sich selbst kein taugliches Angriffsobjekt sei.[64]

Stellungnahme   **85**   Für die h.m. ist anzuführen, dass sich auch in diesem Fall der die Tat Ausführende subjektiv im Rahmen des gemeinsamen Tatplans bewegt, was gegen die Annahme eines Mittäterexzesses spricht. Hiergegen kann auch nicht eingewendet werden, dass es sich bloß um einen außerhalb des Tatplans liegenden Versuch, sich an den Tatplan zu halten, handeln würde. Der die Tat Ausführende hat vielmehr seinen Entschluss zur Vornahme der Tathandlung gerade auf der Basis und zur Umsetzung des gemeinsamen Tatplans gefasst. Dass er dabei objektiv einem error in persona unterliegt, ändert daran nichts. Auch ist anerkannt, dass es im Bereich der Alleintäterschaft Fälle eines „untauglichen Versuchs an sich selbst" geben kann. So kann sich z.B. ein Einbrecher wegen versuchten Diebstahls „an sich selbst" strafbar machen, wenn er in der Dunkelheit nicht erkennt, dass die weggenommene Sache in seinem Eigentum steht, z.B. weil er sie kurz zuvor dem Einbruchsopfer geliehen hatte. Warum dies im Bereich der Mittäterschaft anders sein soll, leuchtet nicht ein.

Verfolger-Fall   **86**   **BEISPIEL** (nach BGHSt 11, 268 „Verfolger-Fall"): A und B wollen nachts in ein Lebensmittelgeschäft eindringen, um dort die Ladenkasse auszuplündern. Jeder soll eine Pistole mitführen, aus der notfalls auf Menschen gefeuert werden soll. Entsprechend drückt A einige Tage später die Fensterscheibe eines Zimmers, das er für den Büroraum des Geschäfts hält, ein, während B vor dem Gebäude aufpasst. Es handelt sich jedoch bei dem vermeintlichen Büroraum um das Schlafzimmer des E, des Inhabers des Geschäfts. E springt aus dem Bett auf und läuft gestikulierend und schreiend an das Fenster. A und B eilen daraufhin zur Straße zurück. Bei der Flucht bleibt B etwas zurück. Als A sieht, dass ihm in einer Entfernung von nicht mehr als 2-3 Metern eine Person folgt, hält A diese Person – den B – in der Dunkelheit für einen Verfolger und fürchtet, von diesem ergriffen zu werden. Um der vermeintlich drohenden Festnahme und der Aufdeckung seiner Tat zu entgehen, schießt er auf die hinter ihm hereilende Person und rechnet dabei mit einer tödlichen Wirkung seines Schusses. Das Geschoss trifft B am rechten Oberarm.

A hat sich durch den Schuss wegen versuchten Mordes (wegen Verdeckungsabsicht) in Tateinheit mit gefährlicher Körperverletzung strafbar gemacht, §§ 212 I, 211 II 3. Gruppe, 22, 23 I; 223 I, 224 I Nr. 2, 5; 52 StGB. Fraglich ist, ob dies auch für B gilt, da er selbst Opfer der Straftat wurde. Nach der M.M. hat sich B wegen Verbrechensverabredung zum Mord, §§ 212 I, 211 II 3. Gruppe, 30 II StGB strafbar gemacht. Nach h.M. ist er wegen in Mittäterschaft begangenen versuchten Mordes („an sich selbst") zu bestrafen. Die Körperverletzung wäre für B ebenfalls nur ein (untauglicher) Versuch „an sich selbst", die dann von der versuchten Tötung auf Konkurrenzebene verdrängt werden würde.

---

64   BGHSt 11, 268, 271; S/S-Heine/Weißer, StGB, § 25 Rn 101; Heinrich, AT, Rn 1240; Kühl, AT, § 20 Rn 122

KLAUSURHINWEIS
Die Hinleitung zum Problem und die Verortung im Gutachten entsprechen
dem obigen Hinweis zur Gutachtentechnik für den Grundfall.[65]

Nach h.M. gilt also: Der error in persona des einen Mittäters ist für den bzw. die **87** Zusammen-
anderen Mittäter grundsätzlich unbeachtlich und stellt keine relevante Abweichung   fassung
vom gemeinsamen Tatentschluss dar. Dies gilt nach h.M. sogar für den Fall, dass ein
Komplize aufgrund einer Personenverwechslung selbst Opfer der Tat wird.

2. Auswirkung des error in persona des Werkzeugs auf den Hintermann

a) Grundfall
Unterliegt das menschliche Werkzeug bei der Ausführung seiner Tat einem error in **88**
persona, stellt sich die Frage, wie sich dieser auf den mittelbaren Täter auswirkt.
Es wird die Auffassung vertreten, dass es keinen rechtlich bedeutsamen Unterschied   Aberratio-ictus-
begründen könne, ob ein mechanisches Werkzeug fehlgehe oder ein mensch- Lösung
liches. Das Fehlgehen des Werkzeugs sei stets als ein Fehlgehen der Tat (aberratio
ictus) zu behandeln.[66] Dies führt nach h.M. zu Bestrafungen wegen Versuchs und
Fahrlässigkeit.[67]
Demgegenüber sind andere der Auffassung, dass es bei der rechtlichen Behandlung   Differenzierende
dieser Frage darauf ankommen müsse, ob der mittelbare Täter ein Auswahlrisiko   Lösung
geschaffen habe, welches sich im konkreten Fall realisiert habe. Sei dies zu bejahen,
z.B. weil der mittelbare Täter dem Tatmittler die Individualisierung überlassen habe,
so müsse der error in persona des Werkzeugs auch für den mittelbaren Täter unbeachtlich sein. Als Beispiel wird häufig der Fall der Individualisierung des Opfers
anhand eines bloßen Fotos genannt. Sei die Schaffung eines Auswahlrisikos zu verneinen, liege für den mittelbaren Täter ein Fehlgehen der Tat vor. Hierfür wird regelmäßig das Beispiel gebraucht, dass ein Arzt die gutgläubige Schwester beauftragt,
einem bestimmten Patienten ein Gift zu injizieren, diese aber aufgrund eines Hör-
fehlers die Injektion bei einem anderen Patienten vornimmt.[68]
Schließlich wird die Ansicht vertreten, dass der für den Tatmittler unbeachtliche   Error-in-persona-
error in persona für den Hintermann in gleicher Weise unbeachtlich sei. Die vom   Lösung
mittelbaren Täter bewerkstelligte Situation unterscheide sich grundlegend von derjenigen bei der aberratio ictus, wo nur zufällig ein demselben Tatbestandsmerkmal
unterfallendes Angriffsobjekt getroffen werde.[69]

Zu dieser Konstellation liegt noch kein Urteil des BGH vor. Im Bereich der Anstiftung **89** Stellungnahme
hat der BGH jedoch die Annahme einer aberratio ictus abgelehnt.[70] Der mittelbare
Täter kann insoweit schwerlich besser stehen, weil er die schwere Form der Teilnahme verwirklicht. Deshalb sprechen wohl die besseren Argumente gegen die
Aberratio-ictus-Lösung.

---

65   Laue/Dehne-Niemann, JURA 2010, 73, 78, wollen das Problem erst beim unmittelbaren Ansetzen behandeln.
66   Heinrich, AT, Rn 1267; Jescheck/Weigend, AT, § 62 III 2; Paul/Schubert, JuS 2013, 1007, 1011
67   Hierzu ausführlich im Skript Strafrecht AT I im Kapitel „Irrtumslehre".
68   S/S-Heine/Weißer, StGB, § 25 Rn 54 f.; Wessels/Beulke/Satzger, AT, Rn 550
69   Gropp, AT, § 10 Rn 79
70   Zum sog. „Rose-Rosahl-Fall" ab Rn 92 Näheres.

> **KLAUSURHINWEIS**
> Es fällt auf, dass der Fall des error in persona des Angestifteten und der Fall des error in persona des Werkzeugs hinsichtlich der Auswirkungen auf den Dritten (also den Anstifter oder den mittelbaren Täter) stets gleich behandelt wird. Sollten beide Fälle in der gleichen Klausur geprüft werden, dürfen Sie sich deshalb nicht in einen Widerspruch zwischen beiden Lösungen verstricken. Vor allen erscheint eine Privilegierung des mittelbaren Täters im Vergleich zum Anstifter als nicht sachgerecht.

90   **BEISPIEL:** Hausherr H lässt durch den ahnungslosen Diener D für M eine Tasse vergifteten Tee bereitstellen. Diesen Tee serviert D aber dessen Zwillingsbruder N, weil er M und N verwechselt. N verstirbt.

Nach der Aberratio-ictus-Lösung fehlt H der Vorsatz zur Tötung des N. H wäre wegen versuchten Mordes in mittelbarer Täterschaft, §§ 212 I, 211, 22, 23 I, 25 I 2. Fall StGB, zu bestrafen. Ob noch eine Strafbarkeit wegen fahrlässiger Tötung, § 222 StGB, des N eingreift, hängt davon ab, ob die Personenverwechslung vorhersehbar war. Bei Zwillingen dürfte dies zu bejahen sein.

Nach der differenzierenden Auffassung kommt es darauf an, ob H ein Auswahlrisiko geschaffen hat. Da es sich bei M und N um Zwillinge handelt, ist dies zu bejahen. Folglich ist der error in persona des D für H unbeachtlich und dieser wegen Mordes in mittelbarer Täterschaft, §§ 212 I, 211, 25 I 2. Fall StGB, zu bestrafen. Gleiches gilt natürlich für die Error-in-persona-Lösung.

b) Der „gelenkte" error in persona

Täter hinter dem Täter   **91**   Zu den Fällen des Täters hinter dem Täter gehört auch die Konstellation, dass der Hintermann den error in persona beim Vordermann gezielt hervorruft.

Nach der herrschenden Lehre vom **Täter hinter dem Täter** kommt es für die Bejahung einer mittelbaren Täterschaft nicht auf ein beim Werkzeug bestehendes Deliktsminus an. Es kommt vielmehr alleine darauf an, ob und inwieweit der vom Hintermann beim Vordermann hervorgerufene Irrtum die Tatherrschaft des Hintermanns begründet. Schon der error in persona ermöglicht es jedoch dem Hintermann, sich über den wahren Willen des Vordermanns hinwegzusetzen und selbst über die Begehung der Tat zu entscheiden. Folglich ist von einer mittelbaren Täterschaft auszugehen.[71]

BEISPIEL 1: W erschießt statt des U den V, weil ihm T vorspiegelt, dass es sich bei dem herannahenden V um den U handelt.

Dohna-Fall   **BEISPIEL 2:** T manövriert – ohne Kontakt mit W – den V in eine Situation, in der W ihn für U hält und auf Grund dieses Irrtums erschießt.

W hat sich wegen Mordes an V strafbar gemacht. Die Unbeachtlichkeit der Personenverwechslung für den die Tat ausführenden W ändert sich nicht dadurch, dass T bei ihm die Personenverwechslung hervorgerufen hat. T hat sich wegen der Hervorrufung dieses Irrtums wegen Mordes in mittelbarer Täterschaft strafbar gemacht.[72]

---

71   S/S-Heine/Weißer, StGB, § 25 Rn 24; Frister, AT, Rn 27/14; Rengier, AT, § 43 Rn 58; a.A. Jescheck/Weigend, AT, § 62 II 2 (Anstiftung; abzulehnen, da W schon zur Tat entschlossen war); Wessels/Beulke/Satzger, AT, Rn 525 (Nebentäterschaft)
72   Klausurfall bei Sahan, ZJS 2008, 177, 179 f.

3. Auswirkung des error in persona des Angestifteten

Eine besonders problematische Frage ist diejenige nach der Auswirkung des error in persona des angestifteten Haupttäters auf den Anstifter. Sofern der Täter vorsätzlich z.B. eine andere Person erschießt, als der Anstifter sich vorgestellt hatte, handelt es sich um einen Exzess, für den der Anstifter keinesfalls einzustehen hat.

92

a) Fahrlässiger Exzess

Fraglich ist jedoch, wie der Fall zu behandeln ist, wenn der Täter fahrlässig z.B. eine falsche Person tötet ("fahrlässiger Exzess").

Erliegt der angestiftete Haupttäter einem Identitätsirrtum (error in persona vel objecto), so ist dieser bei tatbestandlicher Gleichwertigkeit der beiden Objekte für ihn unbeachtlich, da er keinen Tatumstandsirrtum gem. § 16 I 1 StGB darstellt.[73]

93 **Problem**: fahrlässiger Exzess

Fraglich ist, wie sich die für den Haupttäter unbeachtliche Personenverwechslung auf den Anstifter auswirkt.

94

Man könnte der Auffassung sein, dass die für den Haupttäter unbeachtliche Personenverwechslung wegen der **Grundsätze der Akzessorietät der Teilnahme** für den Teilnehmer ebenso unbeachtlich ist, sog. **Unbeachtlichkeitstheorie**.[74]

Eine kleine Einschränkung erfährt diese Ansicht durch eine Meinung, die den error in persona auch für den Anstifter als grundsätzlich unbeachtlich ansieht, soweit die Abweichung nicht außerhalb der Grenzen des nach allgemeiner Lebenserfahrung Voraussehbaren liegt, sog. **Wesentlichkeitstheorie**.[75] Ein wichtiger Gesichtspunkt kann dabei sein, bis zu welchem Grad Konkretisierung und Individualisierung des Opfers dem Täter überlassen worden sind.[76] Je mehr dies der Fall war, desto weniger liegt es außerhalb der allgemeinen Lebenserfahrung, dass es zu Verwechslungen kommen kann.

95 Unbeachtlichkeitstheorie

Wesentlichkeitstheorie

Demgegenüber könnte man auch der Ansicht sein, dass sich der error in persona des Angestifteten aus der Sicht des Anstifters als ein Fehlgehen der Tat (aberratio ictus) darstellt. Es dürfe keinen Unterschied machen, ob sich der Täter eines mechanischen Werkzeugs bediene, welches fehlgehe oder ob er sich eines "menschlichen Werkzeugs" bediene, welches sich irre, sog. **Aberratio-ictus-Theorie**.[77]

96 Aberratio-ictus-Theorie

Folgt man innerhalb der Aberratio-ictus-Theorie der h.M. (Konkretisierungstheorie),[78] die im Fall des Fehlgehens der Tat den Vorsatz hinsichtlich des getroffenen Objekts ablehnt, scheidet eine Bestrafung des Anstifters wegen Anstiftung zum vollendeten Delikt aus. In Betracht kommt eine Strafbarkeit wegen Fahrlässigkeit bzgl. des getroffenen Tatobjekts und eine wegen Versuchs. Unklar ist jedoch, welche Strafbarkeit wegen Versuchs in Betracht kommt.

97 Rechtsfolgen der Aberratio-ictus-Theorie

---

73 Hierzu ausführlich im Skript Strafrecht AT I im Kapitel „Irrtumslehre".

74 Preußisches Obertribunal, GA 7 (1859), 322, 337; Fischer, StGB, § 26 Rn 14; Mitsch, JURA 1991, 373, 375; Puppe, NStZ 1991, 124, 126

75 BGHSt 37, 214, 218; Geppert, JURA 1992, 163, 167; Streng, JuS 1991, 910, 915

76 So z.B. S/S-Heine/Weißer, StGB, § 26 Rn 26; Rengier, AT, § 45 Rn 58; Wessels/Beulke/Satzger, AT, Rn 579

77 Joecks, StGB, § 26 Rn 33; Heinrich, AT, Rn 1311; Roxin, AT II, § 26 Rn 119 f.; Dehne-Niemann/Weber, JURA 2009, 373, 377 ff.; Fahl, ZJS 2009, 63, 65

78 Hierzu ausführlich im Skript Strafrecht AT I im Kapitel „Irrtumslehre".

Anstiftung zum
Versuch

Die einen wollen den Anstifter wegen Anstiftung zum Versuch (begangen am eigentlich gewollten Objekt) bestrafen.[79]

Versuchte
Anstiftung

Die anderen wollen den Anstifter bloß wegen versuchter Anstiftung, § 30 I StGB, bestrafen.[80]

Stellungnahme   **98**   Eine Bestrafung wegen Anstiftung zum Versuch am eigentlich gewollten Objekt ist schon deshalb abzulehnen, weil sich der Täter im error in persona nicht auch noch wegen Versuchs am eigentlich gewollten Objekt strafbar macht, da sein Tötungsvorsatz schon dadurch „verbraucht" ist, dass er auf das getroffene Objekt bezogen wird.[81] Folglich gibt es die behauptete Haupttat gar nicht, zu der folglich auch nicht angestiftet werden kann.

Eine Bestrafung wegen bloß versuchter Anstiftung ist schon deshalb nicht sachgerecht, weil es beim Versuch der Anstiftung, wie die Vornahme der Handlung durch den Haupttäter zeigt, ja gerade nicht geblieben ist. Auch ist zu bedenken, dass eine Bestrafung wegen versuchter Anstiftung nur bei Verbrechen strafbar ist und folglich bei bloßen Vergehen zur Straflosigkeit führen müsste.

Rose-Rosahl-Fall   **99**   **BEISPIEL** (nach Preußisches Obertribunal, GA 7 (1859), 32, „Rose-Rosahl-Fall "): Der Holzhändler Rosahl versprach dem Arbeiter Rose, ihn reichlich zu belohnen, wenn er den Zimmermann Schliebe erschösse. Rose legte sich daraufhin in einen Hinterhalt, um dem Schliebe, den er genau kannte, aufzulauern. Während der Dämmerung sah er einen Mann des Weges daherkommen. Diesen erschoss er, da er ihn für den Schliebe hielt. In Wirklichkeit war es der Harnisch. Mordmerkmale sind nicht zu berücksichtigen.

Rose hat sich wegen Totschlags strafbar gemacht. Nach der Unbeachtlichkeitstheorie wäre Rosahl wegen Anstiftung zum Totschlag zu bestrafen. Nach der Wesentlichkeitstheorie stellt auch die Individualisierung einer dem Täter bekannten Person in der Dämmerung eine potentielle Fehlerquelle dar, sodass es nicht außerhalb der allgemeinen Lebenserfahrung liegt, dass eine Verwechslung stattfindet. Auch nach dieser Meinung wäre Rosahl wegen Anstiftung zum Totschlag zu bestrafen. Nach der Aberratio-ictus-Lösung hat sich Rosahl als Nebentäter wegen fahrlässiger Tötung an Harnisch strafbar gemacht. In Tateinheit liegt nach der einen Untermeinung eine Anstiftung zum versuchten Totschlag am eigentlich vom Anstifter gewollten Opfer, dem Schliebe, vor, nach der anderen Untermeinung bloß eine versuchte Anstiftung zum Totschlag.

100   **KLAUSURHINWEIS**

Im Rahmen der Prüfung des Teilnehmers (Anstifter oder auch Gehilfen) ist der Vorsatz zur Haupttat zu prüfen. Hier ist die Frage aufzuwerfen, ob der Teilnehmer bzgl. der Haupttat an der „falschen" Person vorsätzlich gehandelt hat.

---

79   Joecks, StGB, § 26 Rn 33; Safferling, JA 2007, 183, 190; Stratenwerth, FS Baumann, S. 66 f.

80   Heinrich, AT, Rn 1311; Rengier, AT, § 45 Rn 62 f.; Roxin, AT II, § 26 Rn 120; Dehne-Niemann/Weber, JURA 2009, 373, 377 ff.

81   Hierzu ausführlich im Skript Strafrecht AT I im Kapitel „Irrtumslehre".

b) Das „Blutbad"

Es zeigt sich also im Rose-Rosahl-Fall, dass die Aberratio-ictus-Lösung im Rahmen der Versuchsstrafbarkeit zu Problemen führt. Dennoch wird sie von ihren Anhängern im Hinblick auf eine andere Problemkonstellation für das „geringere Übel" gehalten. Es geht insofern um die Frage, was denn passiere, wenn der Angestiftete seinen Irrtum bemerke und nun zusätzlich auch noch die richtige Person töte. Für diesen Fall wird gefragt, ob der Anstifter wirklich für das „gesamte Gemetzel" verantwortlich gemacht werden könne.[82]

101 *Blutbadargument*

BEISPIEL: Im Rose-Rosahl-Fall erkennt Rose, dass er die falsche Person getötet hat, legt sich erneut auf die Lauer und tötet schließlich auch noch Schliebe.

Rose hat sich wegen Totschlags an Harnisch und Schliebe in Tatmehrheit, § 53 StGB, strafbar gemacht. Fraglich ist, wie der Anstifter Rosahl zu bestrafen ist.

Nach der Aberratio-ictus-Theorie scheidet eine Bestrafung des Anstifters wegen Anstiftung zum Totschlag bzgl. des „falschen" Tatobjekts (Harnisch) aus. Es bleibt eine Bestrafung wegen Anstiftung zur vollendeten Tat am nachträglich getroffenen „richtigen" Tatobjekt (Totschlag an Schliebe), hinter der die Bestrafung wegen versuchter Anstiftung, § 30 I StGB, zurücktritt.

102 *Aberratio-ictus-Theorie*

Hier ergeben sich nun tatsächlich Schwierigkeiten für die Unbeachtlichkeits- und die Wesentlichkeitstheorie. Keinesfalls kann die durch die erste Handlung des Haupttäters (hier den ersten Schuss auf Harnisch) bereits begründete Strafbarkeit wegen Anstiftung zur vollendeten Tat durch den zweiten Schuss nachträglich wieder entfallen.[83] Deshalb wollen einige den zweiten Schuss des Angestifteten als einen Exzess behandeln, der dem Anstifter nicht zuzurechnen sei.[84] An dieser Lösung verwundert, dass die Tötung der vom Anstifter eigentlich gewollten Person für diesen ein Exzess sein soll. Deshalb bleibt nur die Lösung, den Anstifter doch für beide Tötungen des Angestifteten, also für das „Blutbad", haften zu lassen. Diese Lösung erscheint auch als sachgerecht. Wer z.B. einen Auftragsmörder anheuert, zahlt diesem den Mordlohn nur für die Tötung der richtigen Person. Wenn nun also der Mörder die falsche Person tötet, so liegt es in den Grenzen der Lebenserfahrung, dass er, um seinen Auftrag zu erfüllen, eine weitere Tötung an der richtigen Person vornehmen muss. Folglich wäre in diesem Fall der Anstifter wegen einer Anstiftung zu zwei Tötungen zu bestrafen.[85]

103 *Unbeachtlichkeits- und Wesentlichkeitstheorie*

KLAUSURHINWEIS

Beachten Sie, dass das „Rose-Rosahl-Problem" in Prüfungsaufgaben fast immer im Kontext von Mord und Totschlag geprüft wird. In diesem Fall stellt sind dann meist die Frage, wie es sich im Rahmen des § 28 StGB auswirkt, dass der Haupttäter andere Tatmotive (Mordmerkmale) hat als der Teilnehmer.[86]

104 *Kombination von Rose-Rosahl mit den „gekreuzten Mordmerkmalen"*

82   *Binding, Normen III (1918), S. 214 Fn 9*
83   *Roxin, AT II, § 26 Rn 125*
84   *Geppert, JURA 1992, 163, 167 f.; Streng, JuS 1991, 910, 915; ähnlich Puppe, AT II, § 43 Rn 15*
85   *BGHSt 37, 214, 219*
86   *Zimmermann/Schweinberger, JI-Skript BT II, Rn 159 ff.; Klausurlösung bei Dehne-Niemann/Weber, JA 2009, 868, 872 f.*

c) Es wird der Teilnehmer selbst Opfer der Personenverwechslung

105 Fraglich ist weiterhin, wie der Fall zu entscheiden ist, dass aufgrund der Verwechslung durch den Täter versehentlich der Anstifter selbst bzw. eines seiner Rechtsgüter getroffen wird.

Anstifter wird selbst Opfer

BEISPIEL: Im obigen Rose-Rosahl-Fall schießt Rose versehentlich auf Rosahl selbst, der schwer verletzt wird.

Untauglicher Versuch „an sich selbst"

Der Täter macht sich wegen versuchten Totschlags in Tateinheit mit vollendeter gefährlicher Körperverletzung strafbar. Die Personenverwechslung ist für ihn unbeachtlich. Bei der Frage nach der Strafbarkeit des Anstifters wirkt sich der eingangs behandelte Streit nach dem Strafgrund der Teilnahme aus. Sofern man den Strafgrund der Teilnahme alleine in der Hervorrufung oder Unterstützung der Haupttat erblickt, müsste man Rosahl wegen Anstiftung zum versuchten Totschlag in Tateinheit mit Anstiftung zur vollendeten gefährlichen Körperverletzung bestrafen.[87] Sofern man jedoch zutreffend auch in der Teilnahme eine Haftung für den Rechtsgutsangriff des Haupttäters erblickt, muss man erkennen, dass Rosahl für sich selbst keine andere Person i.S.d. § 223 I StGB ist. Folglich kann Rosahl sich nur wegen einer Anstiftung zu einem (aus seiner Perspektive untauglichen) Versuch „an sich selbst" strafbar machen.[88] Hierbei tritt dann die Anstiftung zur versuchten gefährlichen Körperverletzung hinter der Anstiftung zur versuchten Tötung zurück.

Auswirkung auf den Gehilfen

Unterliegt der Haupttäter einem error in persona, so gelten hinsichtlich der Frage, wie sich dieser Irrtum des Haupttäters auf den Gehilfen auswirkt, die gleichen Grundsätze wie für den Anstifter.[89]

III. DER ERROR IN PERSONA VEL OBJECTO UND DIE A.L.I.C./FEHLGEHEN DER TAT

Modifiziertes Tatbestandsmodell

106 Es stellt sich die Frage, wie sich der error in persona im Zeitpunkt der Tatbegehung auf das von der h.M. vertretene modifizierte Tatbestandsmodell[90] zur Erklärung der Rechtsfigur der a.l.i.c. auswirkt.[91]

Ausnahmemodell

107

KLAUSURHINWEIS

Das **Ausnahmemodell** zur Erklärung der a.l.i.c. stellt alle Strafbarkeitsvoraussetzungen im Zeitpunkt der „eigentlichen" Tatbegehung fest und verlagert lediglich den Schuldvorwurf in den Zeitpunkt der Berauschung. Mithin stellt nach diesem Modell der im Tatbestand zu prüfende error in persona im Rahmen der a.l.i.c. kein besonders Problem dar. Anders ist dies nach dem Tatbestandsmodell, weil dieses den Tatbestand der a.l.i.c. in das Stadium der Berauschung vorverlagert. Sollte dieses Problem in der Klausur auftauchen, so ist es auch klausurtaktisch geschickt, dem (modifizierten) Tatbestandsmodell zu folgen.

---

87   So z.B. Schröder, JR 1958, 427, 428
88   S/S-Cramer/Heine, StGB (27. Aufl.), § 26 Rn 23; anders (nur versuchte Anstiftung gem. § 30 I StGB) S/S-Heine/Weißer, StGB, § 26 Rn 27, was aber nur auf Basis der Aberratio-ictus-Theorie überzeugen würde, der Heine/Weißer aber selbst nicht folgen.
89   Heinrich, AT, Rn 1337; Lubig, JURA 2006, 655, 660
90   Ausführlich zur a.l.i.c. Schweinberger, Jl-Skript Strafrecht AT I, Rn 608 ff.
91   Ausführlich Schweinberger, JuS 2006, 507, 508

Weil sich der Täter bei der a.l.i.c. betrinkt, um eine bestimmte Tat zu begehen (erster **108** Teilakt der a.l.i.c.), ist fraglich, ob der Täter hinsichtlich der später ausgeführten Tat am falschen Objekt (zweiter Teilakt der a.l.i.c.) überhaupt vorsätzlich gehandelt hat. Nach dem Tatbestandsmodell muss der Täter nämlich mit einem doppelten Vorsatz handeln, der sich sowohl auf die Herbeiführung des Defektzustands als auch auf die Tatbestandsverwirklichung bezieht.[92]

Doppelter Vorsatz

Nach einer Auffassung soll der error in persona im Zeitpunkt der Tatausführung dann **109** unbeachtlich und mithin vom Vorsatz des Täters umfasst sein, wenn sich die Personenverwechslung im Rahmen des nach allgemeiner Lebenserfahrung Voraussehbaren halte, also das tatsächliche Geschehen nicht wesentlich von dem im defektfreien Zustand gefassten Vorsatz abweiche.[93] Hiernach sei der error in persona im Zeitpunkt der Tatbegehung in der Regel unbeachtlich, weil sich die Personenverwechslung als vorhersehbare Folge alkoholbedingter Ausfallerscheinungen darstelle.

Error in persona vel objecto

Nach der Gegenauffassung soll es am inneren Zusammenhang zwischen der geplanten **110** und der tatsächlich ausgeführten Tat fehlen. Der error in persona im Zeitpunkt der Tatausführung stelle sich folglich als ein Fehlgehen der Tat (aberratio ictus) dar.[94]

Aberratio ictus

Auf der Basis der herrschenden Tatbestandsmodelle sprechen die besseren Argu- **111** mente für die Annahme einer aberratio ictus. Der erste Teilakt, das Sich-Betrinken, bezieht sich auf das eigentlich vom Täter gewollte Objekt, das gleichsam „geistig anvisiert" wurde. Der zweite Teilakt, die unmittelbare Tatausführung, bezieht sich jedoch auf ein anderes Objekt. Schon diese Diskrepanz zeigt, dass das „anvisierte" Opfer nicht getroffen wurde und mithin die den Vorwurf der a.l.i.c. tragende Verbindung zwischen Tatplan und Tatgestaltung beseitigt und die Tat mithin fehlgegangen ist.[95]

Stellungnahme

BEISPIEL: T will seinen Feind F töten. Da er befürchtet, im nüchternen Zustand die Tat nicht zu begehen, betrinkt sich T. Im schuldunfähigen Zustand des § 20 StGB verwechselt T den F mit dessen Bruder E und erschießt diesen.

KLAUSURHINWEIS   **112**

In der Klausur ist zunächst eine vollendete Tat am getroffenen Tatobjekt durch die im Rauschzustand vorgenommene Handlung zu prüfen. Im subjektiven Tatbestand stellt sich das Problem der Opferverwechslung durch den Täter (error in persona), welche vor dem Hintergrund des Nichtvorliegens der Voraussetzungen des § 16 I 1 StGB als unbeachtlich einzuordnen ist. In der Schuld ist dann die Schuldunfähigkeit des Täters festzustellen. Nunmehr ist im Rahmen eines neuen Tatbestands eine vollendete Tat am getroffenen Objekt i.V.m. den **Grundsätzen über die a.l.i.c.** durch die Herbeiführung des Zustands des § 20 StGB i.V.m. der späteren Tat zu prüfen. Innerhalb dieser Prüfung ist als erstes die Frage zu klären, ob die a.l.i.c. überhaupt verfassungsgemäß ist. Bejaht dies der Bearbeiter mit der h.M. in der Form des (modifizierten) Tatbestandsmodells, stellt sich die Frage, ob deren Anwendungsvoraussetzungen gegeben sind.

---

92   BGHSt 21, 381, 382; BGH, NStZ 1995, 329, 330; Joecks, StGB, § 323a, Rn 37
93   BGHSt 21, 381, 384; MK-Streng, StGB, § 20, Rn 144
94   S/S-Perron/Weißer, StGB, § 20 Rn 37; Roxin, AT I, § 20 Rn 71; Wessels/Beulke/Satzger, AT, Rn 418; Schweinberger, JuS 2006, 507, 508
95   Ausführlich Schweinberger, JuS 2006, 507, 508

113 Nach der Error-in-persona-Lösung hätte sich T wegen Mordes oder Totschlags an E i.V.m. den Grundsätzen über die a.l.i.c. strafbar gemacht. Nach der Aberratio-ictus-Lösung käme nur ein versuchter Mord oder Totschlag an F i.V.m. den Grundsätzen über die a.l.i.c. in Tateinheit mit einer fahrlässigen Tötung an E in Frage.

---

114 **KLAUSURHINWEIS**

In der Klausur folgt nun die Darstellung des Streits zur rechtlichen Behandlung der aberratio ictus. Nach der herrschenden Konkretisierungstheorie[96] führt dies zur Verneinung des Vorsatzes hinsichtlich des getroffenen Objekts (hier E) und ermöglicht allenfalls Bestrafungen wegen einer versuchten Tat i.V.m. der Rechtsfigur der a.l.i.c. (hier an F) und einer fahrlässigen Erfolgsherbeiführung (hier an E), wenn die Verwechslung bereits im Zeitpunkt der Berauschung vorhersehbar war, andernfalls wegen § 323a StGB.

IV. DER „DOPPELIRRTUM" AUF TATBESTANDSEBENE

Sachverhalts-und Wertungsirrtum

115 Ein „Doppelirrtum" auf Tatbestandsebene liegt vor, wenn sich der Täter sowohl auf der Ebene des Sachverhalts als auch auf derjenigen der Wertung irrt. In derartigen Fallgestaltungen stellt sich die Frage, welche Irrtumsvorschrift letztlich zur Anwendung kommt. Dabei sind **zwei Konstellationen** denkbar.

Tatbestands- und Verbotsirrtum

116 Zum einen kann es den Fall geben, dass der Täter sowohl einem Tatbestandsirrtum nach § 16 I 1 StGB als auch einem Verbotsirrtum gem. § 17 StGB unterliegt. In diesem Fall kommt es auf den Verbotsirrtum schon deswegen nicht mehr an, weil der Tatbestandsirrtum bereits den Vorsatz des Täters entfallen lässt.[97]

BEISPIEL 1: Die 25 Jahre alte Sportlehrerin L ist von ihrem 15 Jahre alten Schüler S sehr angetan. Auch S findet Gefallen an L. Im Anschluss an den Schwimmunterricht nimmt L am S Oralverkehr vor. Wegen eines fehlerhaften Klassenbucheintrags geht L davon aus, dass S bereits 16 Jahre alt ist. Im Übrigen geht sie davon aus, dass der strafrechtliche Schutz der Sexualdelikte bereits mit dem Ablauf des 14. Lebensjahres endet, da sie jüngst einen Zeitungsartikel bezüglich § 176 StGB gelesen hatte.

Im Vergleich mit dem obigen Grundfall „Schwimmunterricht" zeigt sich, dass hier sowohl ein Tatbestandsirrtum gem. § 16 I 1 StGB (Irrtum über das Alter des S), als auch ein Verbotsirrtum gem. § 17 StGB (Unkenntnis der Schutzaltersgrenze bei § 174 I Nr. 1 StGB) vorliegen. L handelt hinsichtlich des Alters des S ohne Vorsatz. Eine Strafbarkeit gem. § 174 I Nr. 1 StGB scheidet folglich aus.

---

96   Vgl. zu diesem Problem bereits oben Rn 71
97   Heinrich, AT, Rn 1146

KLAUSURHINWEIS

Der Tatbestandsirrtum ist schon im Vorsatz zu prüfen. Da dieser abzulehnen ist, kommt man nicht mehr Prüfungspunkt der Schuld, wo § 17 StGB anzusprechen wäre. Deswegen könnte man nach dem Ergebnis, dass der Vorsatz gem. § 16 I 1 StGB abzulehnen ist, kurz formulieren: „Damit kommt es auf die Vorstellung der L, dass der strafrechtliche Schutz der Sexualdelikte bereits mit dem Ablauf des 14. Lebensjahres ende, was allenfalls als Verbotsirrtum gem. § 17 StGB einzuordnen wäre, nicht mehr an."

Zum anderen kann es den Fall geben, dass der Täter sowohl einem Tatbestandsirrtum gem. § 16 I 1 StGB unterliegt als auch ein Wahndelikt begeht. **117**

Tatbestandsirrtum und Wahndelikt

BEISPIEL 2 („Mauswiesel-Fall"): Willy Wildrig geht im Stadtwald spazieren. Plötzlich sieht er ein verletztes Mauswiesel (jagdbares Tier nach § 2 I 1 BJagdG und damit Wild i.S.d. § 292 StGB) am Wegesrand liegen. Spontan entschließt er sich zur Jagd. Mit seinem Wanderstock spießt er das Mauswiesel auf und erlegt es so. Willy hält das Mauswiesel für eine Maus, glaubt aber, auch Mäuse seien jagdbare Tiere und damit Wild i.S.d. § 292 StGB. Hat sich W(illy) gem. § 292 StGB strafbar gemacht?

Mauswiesel-Fall

W hat ein Mauswiesel, das gem. § 2 I 1 BJagdG ein jagdbares Tier ist, erlegt. Damit hat er den objektiven Tatbestand des § 292 I Nr. 1 StGB erfüllt. Fraglich ist jedoch, ob W vorsätzlich gehandelt hat. W ging davon aus, eine Maus zu erlegen. Eine Maus ist kein jagdbares Tier und damit kein Wild i.S.d. § 292 I StGB. Eigentlich kannte W somit bei Begehung der Tat einen Umstand nicht, der zum gesetzlichen Tatbestand gehört. Damit liegt eigentlich ein den Vorsatz ausschließender Tatbestandsirrtum nach § 16 I 1 StGB vor. **118**

Bei isolierter Betrachtung des Wertungsirrtums des W (eine Maus ist „Wild" i.S.d. § 292 StGB) handelt es sich bei diesem um ein strafloses sog. **Wahndelikt**.[98] W irrt nämlich über den rechtlichen Umfang des normativen Tatbestandsmerkmals „Wild" in § 292 I StGB und überdehnt dieses zu seinen Ungunsten, indem er fälschlich annimmt, auch Mäuse seien Wild.

Fraglich ist, wie dieses Zusammentreffen von Tatbestandsirrtum und Wahndelikt rechtlich zu behandeln ist. **119**

Nach einer Auffassung wird der Tatbestandsirrtum durch das Wahndelikt egalisiert. W, der das Tier für eine Maus und Mäuse für Wild hielt, gehe davon aus, Wild i.S.d. § 292 I StGB zu erlegen und er habe auch objektiv Wild erlegt. Somit würden sich bei kombinierter Betrachtung aller Irrtümer des W objektiver Tatbestand und der Wille des W decken. Einfach ausgedrückt: W wollte wildern und W hat auch gewildert.[99]

E.A.: Vollendung

Nach anderer Ansicht hat sich M mangels Vorsatz nicht nach § 292 I Nr. 1 StGB strafbar gemacht. Die Gegenauffassung habe die nicht hinnehmbare Konsequenz, dass das Wahndelikt strafbegründend wirken würde, da es zum Ausgleich des Tatbestandsirrtums herangezogen werden würde. Dies würde dem Grundgedanken, welcher dem Prinzip der Straflosigkeit des Wahndelikts innewohnt, dass nämlich Umfang und Grenzen dessen, was strafbar ist, durch das Gesetz und nicht durch die

A.A.: Straflosigkeit

98   Zum Wahndelikt näher: Schweinberger, JI-Skript Strafrecht AT I, Rn 945 ff.
99   BayObLG, NJW 1963, 310, 310; Jescheck/Weigend, AT, § 50 II 2

Vorstellung des Täters bestimmt werden, zuwiderlaufen. Würde man „im Saldo" eine Strafbarkeit des W nach 292 I StGB bejahen, ließe man systemwidrig den Normbezug des Vorsatzes außer Acht.[100]

120   KLAUSURHINWEIS

Letztere Auffassung erscheint als überzeugender. Im Rahmen der Vollendungsprüfung ist der objektive Tatbestand zu bejahen. Im subjektiven Tatbestand ist dann der dargestellte Meinungsstreit zu führen.

V. DER „DOPPELIRRTUM" AUF VERBOTSEBENE

121 Ein „Doppelirrtum" auf Verbotsebene ist gegeben, wenn der Täter sein Verhalten unter dem Aspekt des tatsächlich verwirklichten Tatbestandes für straflos und unter dem Gesichtspunkt eines nicht (mehr) existierenden Tatbestandes für strafbar hält.

Onkel-Fall

122   BEISPIEL (nach BGHSt 10, 35, „Onkel-Fall"): Der Onkel und Vormund O verkehrt mit der 17jährigen Nichte N geschlechtlich und glaubt dabei, der Geschlechtsverkehrs mit einem über 16jährigen Mündel sei nicht verboten (vgl. aber § 174 I Nr. 2 StGB). Zugleich meint O, sein Tun sei unter dem Aspekt des Verwandtenbeischlafes strafbar (früher § 173 StGB).

Streitig, ob

Verbotsirrtum

Nach einer Ansicht liegt hier kein Fall eines Verbotsirrtums vor, weil der Täter im Ergebnis wisse, dass der Beischlaf mit seiner Nichte strafbar sei.[101] Folglich sei der Täter aus dem objektiv verwirklichten Delikt zu bestrafen. Der Gegenauffassung zufolge ist jedoch sehr wohl ein Verbotsirrtum gegeben, weil sich das Unrechtsbewusstsein auf die Verwirklichung desjenigen Tatbestands beziehen müsse, der dem Täter zur Last gelegt werde. Das einem bestimmten Tatbestand zugeordnete Unrechtsbewusstsein könne nicht durch ein allgemeines oder anderes Unrechtsbewusstsein ersetzt werden.[102] Hinsichtlich des tatsächlich verwirklichten Delikts des § 174 I Nr. 2 StGB liegt also ein Verbotsirrtum vor, der jedoch vermeidbar gewesen sein dürfte. Mithin gelangt auch die letztgenannte Auffassung i.d.R. zu einer Strafbarkeit aus dem objektiv verwirklichten Delikt, allerdings mit der Möglichkeit der Strafmilderung gem. § 17 S. 2 StGB.

---

100   Heinrich, AT, Rn 1147; Brocker, JuS 1994, L 17, L 18; Haft, JuS 1980, 588, 591; Knobloch, JuS 2010, 864, 868; Plaschke, JURA 2001, 235, 236 f.
101   BayObLG, NJW 1963, 310, 310; Bringewat, MDR 1970, 652, 653
102   BGHSt 10, 35, 39; Plaschke, JURA 2001, 235, 238

TEST ZUM IRRTUM AUF TATBESTANDSEBENE

Die folgenden Übungsfälle sollen der Wiederholung und Vertiefung des bisher gelernten Stoffes dienen. Die Lösungen finden sich im Anhang am Ende des Skriptes.

Fall 1:

Die Reinigungskraft R des Unternehmens U leert den Papierkorb und bringt den Müll in die im Keller stehende Müllpresse. In den Papierkorb war versehentlich eine wichtige Auftragsbestätigung eines Lieferanten geraten. Hat sich R gem. § 274 I Nr. 1 StGB strafbar gemacht?

Fall 2:
Um seinen Nachbarn zu ärgern, zerlegte T dessen Rennrad sorgfältig in seine Einzelteile. T ging davon aus, es liege keine Sachbeschädigung vor, da das Rad ja wieder zusammengesetzt werden könne.

Fall 3:
Auftragskiller K will sein Opfer O durch einen Schuss in die Brust töten. Aufgrund eines plötzlichen Bückens des O trifft K den O jedoch tödlich am Kopf.

Fall 4:
A serviert B einen vergifteten Pflaumenkuchen, um B zu töten. A hat nicht bemerkt, dass sich in dem Kuchenstück eine Biene „verkrochen" hat. Durch ihren Stich löst die Biene einen tödlichen allergischen Schock bei B aus. Mordmerkmale sind nicht zu prüfen.

Fall 5:
T stopfte ihrer Widersacherin W mit bedingtem Tötungsvorsatz Sand in den Mund. Nach dieser Tat hielt T die W irrig für tot. Um die vermeintliche Leiche zu beseitigen, warf T die W in eine Jauchegrube. W erstickte in der Jauchegrube. Mordmerkmale sind nicht zu prüfen.

Fall 6:
T will seinen Gläubiger G erschießen und trifft den unweit stehenden Passanten P tödlich. Mordmerkmale sind nicht zu prüfen.

Fall 7:
T verwechselt P mit seinem Gläubiger G und erschießt P. Mordmerkmale sind nicht zu prüfen.

Fall 8:
V lässt am Badesee sein Kind K ertrinken, weil er es aus der Entfernung nicht als sein eigenes Kind erkannt hatte. V dachte vielmehr, dass es sich um ein fremdes Kind handeln würde. § 211 StGB ist nicht zu prüfen.

Fall 9:

T stellt sich vor, auf eine Schaufensterpuppe zu schießen, erschießt aber einen Menschen.

Fall 10:

T schießt auf eine Schaufensterpuppe, die er für den Schaufensterdekorateur S hält. Mordmerkmale sind nicht zu prüfen.

Fall 11:

T sieht im Schaufenster den Dekorateur S neben einer Schaufensterpuppe stehen. T will S töten, trifft aber zu seinem Ärger nur die Puppe. Mordmerkmale sind nicht zu prüfen.

Fall 12:

T sieht im Schaufenster den Dekorateur S neben einer Schaufensterpuppe stehen. T will S erschrecken und auf die Puppe schießen. Da zwischen S und der Puppe ca. ein Meter Abstand ist, rechnet T nicht damit, S treffen zu können. Zu seinem Entsetzen trifft er aber dennoch den S tödlich.

Fall 13:

T hat am Pkw seines Nebenbuhlers N eine Bombe angebracht, um ihn zu töten. Am nächsten Morgen steigt jedoch wider Erwarten nicht N in den Wagen, sondern M, der Monteur einer Autowerkstatt, der den Wagen zur Reparatur abholen will. M wird getötet. Mordmerkmale sind nicht zu prüfen.

Fall 14:

T bringt eine Autobombe am Wagen des M in der Annahme an, es handele sich um den Wagen seines Nebenbuhlers N. Als M in den Wagen steigt, wird er durch die Bombe getötet.

IRRTÜMER HINSICHTLICH EINES RECHTFERTIGUNGSGRUNDES

A. Die Grundlagen

I. ALLGEMEINES

Es wurde bereits dargelegt, dass auf der Ebene des Tatbestands zwischen Irrtümern über den Sachverhalt und Irrtümern über die Wertungen des Gesetzes unterschieden werden muss. Diesen grundlegenden Unterschied zwischen Sachverhalts- und Wertungsirrtümern gibt es auch beim Irrtum über Rechtfertigungsgründe.[103] So kann es sein, dass sich der Täter wegen eines Sachverhaltsirrtums irrigerweise für gerechtfertigt hält. Es kann aber auch sein, dass der Glaube des Täters, er sei gerechtfertigt, auf einer falschen Wertung basiert.

125 Sachverhalts- und Wertungs-irrtümer

Hiervon sind – wie schon auf der Ebene des Tatbestands – die sog. **„umgekehrten Irrtümer"** strikt zu unterscheiden. Bei diesen denkt der Täter, er würde eine Strafbarkeitsvoraussetzung erfüllen, obwohl er diese gerade nicht erfüllt. Die umgekehrten Irrtümer stellen auch im Bereich der Rechtfertigungsgründe Sonderkonstellationen dar, die an anderen Stellen des Skripts[104] ausführlich behandelt werden.

126 „Umgekehrter Irrtum"

II. SYSTEMATISIERUNG DER MÖGLICHEN IRRTÜMER

Vor diesem Hintergrund sind bei differenzierter Betrachtungsweise drei Irrtümer über die irrige Annahme eines Rechtfertigungsgrundes denkbar: Der Täter irrt sich nur auf der Ebene des Sachverhalts oder nur auf der Ebene der Wertung oder gar auf beiden Ebenen.

127 Irrige Annahme eines Rechtferti-gungsgrundes

1. Der reine Sachverhaltsirrtum (Erlaubnistatbestandsirrtum)

Ein reiner Sachverhaltsirrtum hinsichtlich der irrigen Annahme eines Rechtfertigungsgrundes liegt vor, wenn der Täter sich Umstände vorstellt, die ihn rechtfertigen würden, wenn sie tatsächlich vorliegen würden. Der Sachverhaltsirrtum auf Tatbestandsebene wird überwiegend Tatbestandsirrtum genannt. Übernimmt man diesen Begriff, so handelt es sich hier um einen Tatbestandsirrtum über einen Erlaubnissatz. Deshalb wird diese Konstellation **„Erlaubnistatbestandsirrtum"** genannt.[105]

128 Reiner Sachver-haltsirrtum

DEFINITION

129

Beim **Erlaubnistatbestandsirrtum** nimmt der Täter irrig Umstände an, die, wenn sie tatsächlich vorlägen, die Tat rechtfertigen würden.[106]

---

103 Geppert, JURA 2007, 33, 35 f.

104 Die genauen Verweise erfolgen jeweils später im Text.

105 Der Begriff „Erlaubnistatumstandsirrtum" ist vor dem Hintergrund des Wortlauts von § 16 I 1 StGB zwar präziser (Kühl, AT, § 13, Rn 67), hat sich aber bisher nicht durchgesetzt. Als Synonym wird ebenfalls der Begriff „Putativnotwehr" verwendet, vgl. z.B. S/S-Perron, StGB, § 32 Rn 65.

106 Stiebig, JURA 2009, 274, 274.

130 BEISPIEL 1: A sieht vor sich seinen besten Freund F durch den Park spazieren gehen. Er will ihm von hinten die Augen zuhalten, auf dass F errate, wer denn hinter ihm stehe. F bemerkt, dass sich von hinten jemand schnell nähert und vermutet einen Angriff. Blitzschnell dreht er sich um und schlägt zu, um den Angriff abzuwehren. Erst danach erkennt er A.

Würde A den F tatsächlich angreifen, so läge ein gegenwärtiger rechtswidriger Angriff auf F vor, was eine Notwehrlage begründen würde. In diesem Fall wäre der Schlag auch geeignet, erforderlich und geboten gewesen. Da F auch mit Verteidigungswillen handelte, wäre er bei Richtigkeit seiner Vorstellung gerechtfertigt gewesen. Mithin befindet sich F in einem reinen Sachverhaltsirrtum über das Vorliegen des anerkannten Rechtfertigungsgrundes der Notwehr, § 32 StGB, also in einem Erlaubnistatbestandsirrtum.

131 Der Fall des Erlaubnistatbestandsirrtums setzt allerdings nicht voraus, dass sich der Täter z.B. im Fall der Notwehr über das Vorliegen eines Angriffs an sich irrt. Auch wenn der Täter sich bloß über die Intensität des Angriffs irrt und sich deshalb heftiger verteidigt, als dies eigentlich notwendig gewesen wäre, kann ein Erlaubnistatbestandsirrtum vorliegen.[107]

2. Der reine Wertungsirrtum (Erlaubnisirrtum)

132 Ein reiner Wertungsirrtum hinsichtlich der irrigen Annahme eines Rechtfertigungsgrundes ist gegeben, wenn der Täter ein objektiv nicht gerechtfertigtes Verhalten aufgrund falscher Wertungen für gerechtfertigt hält. Weil sich der Täter insofern über die Grenzen oder die Existenz eines Erlaubnissatzes irrt, nennt man diesen Irrtum einen **Erlaubnisirrtum**.[108]

133 BEISPIEL 2 (nach OLG Stuttgart, DRZ 1949, 42, „Sirupflaschen-Fall"): Dieb D flüchtet mit einer Flasche Sirup im Wert von 2,- €. Eigentümer E läuft dem Dieb hinterher, ruft „Halt, oder ich schieße!" und gibt einen Warnschuss ab. Als D seine Flucht nicht stoppt, will E einen gezielten Schuss in das Gesäß des D abgeben. Der Schuss trifft D jedoch in der Lendengegend und führt zu seinem Tod. E glaubt, er dürfe auf den Dieb schießen, weil in letzter Konsequenz das Recht dem Unrecht nicht weichen müsse.

Eine Strafbarkeit des E würde ausscheiden, wenn er durch Notwehr gem. § 32 StGB gerechtfertigt ist. Mit dem Diebstahl des Sirups ist ein gegenwärtiger rechtswidriger Angriff auf das Eigentum des E und mithin eine Notwehrlage gegeben. Der Schuss ist zur Abwehr des Angriffs geeignet und aufgrund der vorherigen vergeblichen Warnungen des R auch erforderlich. Wegen des krassen Missverhältnisses zwischen dem geschützten Eigentumsinteresse an dem Sirup und der beeinträchtigten körperlichen Unversehrtheit des D ist der Schuss jedoch nicht geboten.[109] Eine Rechtfertigung des R scheidet aus.

---

107 BGH, HRRS 2011 Nr 557 Rn 11 f.; zu diesem Urteil Sinn, ZJS 2012, 124 ff.
108 Statt aller Heinrich, AT, Rn 1142
109 Siehe dazu bereits im Kapitel „Rechtswidrigkeit"

Weil E jedoch dachte, er dürfe sein Eigentum in dieser Art und Weise verteidigen, irrte er sich über das Vorliegen eines Rechtfertigungsgrundes. Dieser Irrtum beruhte nicht auf einer falschen Wahrnehmung des Lebenssachverhalts, sondern alleine auf einer falschen rechtlichen Wertung des E. E überdehnte die Grenzen des Notwehrrechts zu seinen Gunsten. Er befand sich in einem Irrtum über die Grenzen bzw. den Umfang eines anerkannten Erlaubnissatzes. Gleiches gilt, wenn der Täter z.B. glaubt, im Rahmen des Notstandes seien viele Menschenleben mehr wert als eines.[110] Diese Konstellation kann man folglich einen „Erlaubnisgrenz-" oder „Erlaubnisumfangsirrtum" nennen.

134 Erlaubnisumfangsirrtum

Hiervon ist zu unterscheiden der Irrtum über die Existenz eines Erlaubnissatzes (**Erlaubnisexistenzirrtum**). Ein Beispiel ist die irrige Annahme eines allgemeinen Züchtigungsrechts. Ein anderes Beispiel ist die Annahme der Täter in den „Mauerschützen-Fällen", ihre Tat sei durch einen Rechtfertigungsgrund gedeckt.[111]

135 Erlaubnisexistenzirrtum

Der Oberbegriff für den Erlaubnisgrenz- und den Erlaubnisexistenzirrtum ist „Erlaubnisirrtum".

Oberbegriff: Erlaubnisirrtum

DEFINITION **136**

Unter einem **Erlaubnisirrtum** versteht man die irrige Annahme des Bestehens (die Existenz) eines tatsächlich nicht anerkannten oder die Überdehnung der rechtlichen Grenzen (den Umfang) eines anerkannten Rechtfertigungsgrundes.

3. Der „Doppelirrtum"

Ein Doppelirrtum hinsichtlich der irrigen Annahme eines Rechtfertigungsgrundes liegt vor, wenn der Täter sich Umstände vorstellt, die ihn wegen eines hinzutretenden Wertungsirrtums selbst dann nicht rechtfertigen würden, wenn sie tatsächlich vorliegen würden.

137

BEISPIEL 3: Wie Beispiel 2. Jedoch ist D gar nicht der Dieb des Sirups. Er rennt nur, weil er droht, seinen Bus zu verpassen.

138 Beispiel 3

Hier fehlt es bereits an einem gegenwärtigen rechtswidrigen Angriff auf das Eigentum des E durch D. Jedoch hat E den Lebenssachverhalt verkannt. Er ging davon aus, dass D den Sirup gestohlen habe. Dies könnte einen Erlaubnistatbestandsirrtum begründen. Im Unterschied zu Beispiel 1 wäre E jedoch auch bei Richtigkeit seiner Vorstellung aus den bei Beispiel 2 genannten Gründen nicht gerechtfertigt. E befindet sich also nicht (nur) in einem Irrtum über die tatsächlichen Voraussetzungen eines anerkannten Rechtfertigungsgrundes. Er irrt vielmehr zusätzlich auch noch über die Wertungen der Rechtsordnung. Somit befindet sich R in einem sog. Doppelirrtum.

---

110 Vgl. hierzu BGHSt 35, 350 („Katzenkönig-Fall")
111 Vgl. hierzu BGHSt 39, 1, 35

139   DEFINITION

Bei einem **Doppelirrtum** stellt sich der Täter irrig Umstände vor, die für seine Rechtfertigung relevant sind, seine Tat wegen eines zusätzlichen Wertungsirrtums jedoch auch dann nicht rechtfertigen würden, wenn sie tatsächlich vorliegen würden.[112]

Richtige
Begriffsbildung

140   Insofern ist es auch nicht richtig zu sagen, dass ein Erlaubnistatbestands- und ein Doppelirrtum vorliegen würden. Es liegt ja gerade kein Erlaubnistatbestandsirrtum vor, da der Täter im Fall der Richtigkeit seiner Vorstellung ja gerade nicht gerechtfertigt ist.[113]

4. Abgrenzung zwischen Erlaubnistatbestands- und Doppelirrtum

Hypothetische
Prüfung

141   Die obigen Ausführungen haben ergeben, dass sich der Täter sowohl beim Erlaubnistatbestandsirrtum als auch beim Doppelirrtum in einem Sachverhaltsirrtum befindet. Die Abgrenzung beider Irrtümer muss folglich in der Form stattfinden, dass im Rahmen einer sog. **„hypothetischen Prüfung"** der vom Täter vorgestellte Sachverhalt als tatsächlich gegeben unterstellt wird. Unter dieser Prämisse ist nunmehr erneut zu prüfen, ob der Täter gerechtfertigt ist. Sollte dies zu bejahen sein (oben Beispiel 1), so liegt ein Erlaubnistatbestandsirrtum vor. Sollte dies zu verneinen sein, weil sich der Täter zusätzlich noch in einem Wertungsirrtum befindet (oben Beispiel 3), liegt ein Doppelirrtum vor.[114]

142   KLAUSURHINWEIS

Diese „hypothetische Prüfung" muss in Problembereichen ebenso sorgfältig erfolgen, wie Prüfungen im Rahmen der Rechtswidrigkeit auch, weil hier die Weiche zwischen Erlaubnistatbestands- und Doppelirrtum gestellt wird. Sie muss deshalb auch vor der Klärung der rechtlichen Behandlung des jeweiligen Irrtums erfolgen.

B. Vertiefung – 1. Ebene

I. RECHTLICHE BEHANDLUNG DER IRRTÜMER ÜBER RECHTFERTIGUNGSGRÜNDE

Unrechtsbe-
wusstsein

143   MERKSATZ

Bei allem Streit über die rechtliche Behandlung des Irrtums über Rechtfertigungsgründe herrscht insoweit Einigkeit, dass einem Täter, der sich irrig gerechtfertigt glaubt, das Unrechtsbewusstsein fehlt. Fraglich ist nur, welche rechtlichen Konsequenzen dies bei den jeweiligen Irrtümern hat.

Regelungslücke
für Erlaubnistat-
bestandsirrtum

144   Richtet man den Blick auf die Irrtumsregelungen des StGB, so zeigt sich, dass für den Wertungsirrtum im Rahmen eines Rechtfertigungsgrundes vom Wortlaut her die Wertungsirrtumsvorschrift des § 17 StGB einschlägig ist: Dem Täter fehlt insoweit „die Einsicht, Unrecht zu tun". Problematisch ist jedoch der Sachverhaltsirrtum über Rechtfertigungsgründe, der Erlaubnistatbestandsirrtum. Für diesen Fall passt der Wortlaut der Sachverhaltsirrtumsvorschrift des § 16 I 1 StGB nicht.[115]

---

112   Wessels/Beulke/Satzger, AT, Rn 485
113   Gropp, AT, § 13 Rn 138; Krey/Esser, AT, Rn 746; Wessels/Beulke/Satzger, AT, Rn 485
114   Heinrich, AT, Rn 1125; Kühl, AT, § 13, Rn 64, 69; Wessels/Beulke/Satzger, AT, Rn 486; Gasa, JuS 2005, 890, 893; Hecker, JuS 2011, 369, 370; Kühl, JuS 2007, 742, 745
115   Gropp, AT, § 13 Rn 9; Kühl, AT, § 13 Rn 63, 70

Diese Vorschrift verlangt nämlich die Unkenntnis bezüglich eines Umstands „der zum gesetzlichen Tatbestand" gehört. Beim Erlaubnistatbestandsirrtum geht es nach ganz h.M.[116] jedoch um Umstände, die zum gesetzlichen Rechtfertigungsgrund gehören. Aus dieser Regelungslücke im Gesetz erklärt sich, warum die rechtliche Behandlung des Erlaubnistatbestandsirrtums besonders umstritten ist.

1. Die rechtliche Behandlung des Erlaubnisirrtums

Die Regelung der Wertungsirrtumsvorschrift des § 17 StGB erfasst den Fall des Erlaubnisirrtums sowohl von der Sache als auch vom Wortlaut her. Von der Sache her, weil der Erlaubnisirrtum einen reinen Wertungsirrtum darstellt, vom Wortlaut her, weil dem Täter (vgl. oben Beispiel 2) bei der Begehung der Tat die Einsicht fehlt, Unrecht zu tun. Folgerichtig entspricht es der heute fast allgemeinen Ansicht, dass auf den Fall des Erlaubnisirrtums § 17 StGB direkt anzuwenden ist.[117] Das heißt, dass die Rechtsfolgen entscheidend von der Vermeidbarkeit des Irrtums abhängen. Vergleiche hierzu die Ausführungen zum Verbotsirrtum.[118]

145 Wertungsirrtum, § 17 StGB

2. Die rechtliche Behandlung des Doppelirrtums

Der Doppelirrtum wirft die Frage auf, ob auch auf ihn die Wertungsirrtumsvorschrift des § 17 StGB anzuwenden ist, weil der Täter beim Doppelirrtum ja zusätzlich noch einem Sachverhaltsirrtum unterliegt. Als Konsequenz könnte man an die Anwendung der Sachverhaltsirrtumsvorschrift des § 16 I 1 StGB denken. Es wurde jedoch bereits dargelegt, dass § 16 I 1 StGB wegen des zwingenden Vorsatzausschlusses für den Täter deutlich vorteilhafter ist als § 17 StGB, der eine strikte Vermeidbarkeitsprüfung verlangt und deshalb in der Regel die (Vorsatz-) Strafe unberührt lässt.

146 § 16 I StGB für Täter besser als § 17 StGB

Dass auch auf den Fall des Doppelirrtums nur § 17 StGB anzuwenden ist, zeigt schon der Vergleich zwischen Erlaubnis- und Doppelirrtum. Wenn beim Erlaubnisirrtum, bei dem tatsächlich eine rechtfertigende Sachlage besteht und der Täter nur über die Grenzen (oder die Existenz) des Rechtfertigungsgrundes irrt, schon die für die Täter schlechtere Vorschrift des § 17 StGB Anwendung findet, dann kann es nicht richtig sein, beim Doppelirrtum, bei dem zusätzlich zu dem Wertungsirrtum noch ein Sachverhaltsirrtum im Sinne der irrigen Annahme rechtfertigender Umstände hinzukommt, die täterfreundliche Vorschrift des § 16 I StGB anzuwenden. Unter Bezugnahme auf die obigen Beispiele bedeutet dies: E kann in Beispiel 2, wo er immerhin noch sein Eigentum verteidigt, unmöglich schlechter stehen als in Beispiel 3. Der zusätzliche Sachverhaltsirrtum im Fall des Doppelirrtums kann den Täter nicht privilegieren.[119]

147 Erst-Recht-Schluss: § 17 StGB

MERKSATZ
Wenn auf den Erlaubnisirrtum § 17 StGB angewendet wird, dann muss dies für den Doppelirrtum erst recht gelten.

148

---

116   Abweichend nur die „Lehre von den negativen Tatbestandsmerkmalen".
117   BGHSt 45, 219, 225; Heinrich, AT, Rn 1144; Kühl, AT, § 13 Rn 4
118   Oben ab Rn 17.
119   S/S-Sternberg-Lieben/Schuster, StGB, § 16, Rn 19; Heinrich, AT, Rn 1151; Jäger, AT, Rn. 219; Geppert, JURA 2007, 33, 40; Kudlich, JuS 2003, 243, 245, Fn 22; Neubacher/Bachmann, JA 2010, 711, 718

Zusätzliche Irrtümer steigern das Unrecht

149   Über diese Regel hinaus ist generell darauf zu achten, dass jeder zusätzliche Irrtum des Täters zu einer Steigerung des Unrechts führt, weil sich der Täter mit jedem Irrtum weiter von der tatsächlichen Rechtfertigung entfernt. Das hat zur Konsequenz, dass der Täter, der sich im Doppelirrtum befindet, weder gegenüber einem Täter, der sich nur im Erlaubnistatbestandsirrtum befindet, noch gegenüber einem Täter, der sich im Erlaubnisirrtum befindet, privilegiert werden darf.[120]

3. Die rechtliche Behandlung des Erlaubnistatbestandsirrtums

Dem Täter fehlt das Unrechtsbewusstsein

150   Ausgangspunkt der Überlegungen zur rechtlichen Behandlung des Erlaubnistat-bestandsirrtums ist der obige Hinweis auf das dem Täter fehlende **Unrechtsbewusstsein**. Fraglich ist mithin, wie sich das dem Täter fehlende Unrechtsbewusstsein auf seine Strafbarkeit auswirkt.

a) Die Schuldtheorien

Unrechtsbewusstsein als Element der Schuld

151   Die heute ganz herrschende Meinung geht davon aus, dass der Gesetzgeber durch die Regelung in § 17 StGB das Unrechtsbewusstsein als ein Element der Schuld anerkannt hat. Alle Theorien, die dies grundsätzlich akzeptieren, lassen sich mithin als Schuldtheorien bezeichnen. Das Unrechtsbewusstsein fehlt auch dem Täter, der sich im Erlaubnistatbestandsirrtum befindet. Da der Täter sich einen Sachverhalt vorstellt, bei dessen Vorliegen er tatsächlich gerechtfertigt wäre, glaubt er ja, sich auf dem Boden der Rechtsordnung zu befinden. Vor diesem Hintergrund ist § 17 StGB eigentlich von seinem Wortlaut her (dem Täter fehlt „bei Begehung der Tat die Einsicht, Unrecht zu tun") auch für den Fall des Erlaubnistatbestandsirrtums einschlägig. Alleine von der Sache her passt § 17 StGB nicht, weil er einen Wertungsirrtum regelt, der Erlaubnistatbestandsirrtum aber einen Sachverhaltsirrtum darstellt.

b) Die strenge Schuldtheorie

Wortlaut: § 17 StGB einschlägig

152   Nach einer Auffassung ist § 17 StGB, weil vom Wortlaut her einschlägig, auch auf den Fall des Erlaubnistatbestandsirrtums anzuwenden.[121] Der Gesetzgeber habe in § 17 StGB jeden Fall fehlenden Unrechtsbewusstseins ohne Rücksicht auf die Frage geregelt, ob sich das fehlende Unrechtsbewusstsein aus einem Sachverhalts- oder einen Wertungsirrtum ergebe. In § 16 I 1 StGB hingegen sei spezialgesetzlich alleine der Fall geregelt, dass der Täter auf Sachverhaltsebene über ein Merkmal des Tatbestandes irre. Dieser Fall sei beim Erlaubnistatbestandsirrtum aber nicht gegeben, da es dort um einen Irrtum über einen Rechtfertigungsgrund gehe.

Diese Auffassung setzt die Vorgabe des § 17 StGB konsequent und ohne Ausnahme um und wendet auf jeden Irrtum über Rechtfertigungsgründe einheitlich § 17 StGB an. Diese Auffassung wird deshalb „strenge Schuldtheorie" genannt.

Vermeidbarkeitsprüfung

153   Nach der strengen Schuldtheorie ist also beim Erlaubnistatbestandsirrtum gem. § 17 StGB zu prüfen, ob der Irrtum vermeidbar war oder nicht. Sofern man dies bejaht, kann die Strafe des Täters nur gemildert werden. Verneint man dies, so bliebe er straflos, weil dann im Rahmen des Fahrlässigkeitsdelikts (abgesehen von der gem. § 17 StGB fehlenden Schuld) schon keine Sorgfaltspflichtverletzung vorliegen würde.

---

120   *Schuster, JuS 2007, 617, 619*
121   *NK-Paeffgen, StGB, Vor §§ 32 ff. Rn 108 ff.; Dornseifer, JuS 1982, 761, 765; Hartung, NJW 1951, 209, 212; Heuchemer, JuS 2012, 795, 800*

c) Die eingeschränkten Schuldtheorien

aa) Grundlagen

Die heute ganz h.M. erkennt zwar an, dass § 17 StGB von seinem Wortlaut auch **154** den Fall des Erlaubnistatbestandsirrtums erfasst, will § 17 StGB aber dennoch auf diesen Fall nicht anwenden. Dies wird damit begründet, dass § 16 I 1 StGB, der zwar von seinem Wortlaut her nicht passt, aber auch einen Sachverhaltsirrtum regelt, die inhaltlich sachnähere Vorschrift sei. Die Kernaussage der eingeschränkten Schuldtheorien lautet:

§ 16 I 1 StGB als sachnähere Vorschrift

> **MERKSATZ** **155**
>
> Der **Erlaubnistatbestandsirrtum** als reiner Sachverhaltsirrtum über einen Rechtfertigungsgrund muss rechtlich unter Anwendung der sachnäheren Sachverhaltsirrtumsvorschrift des § 16 I 1 StGB gelöst werden.

Da § 16 I 1 StGB den Erlaubnistatbestandsirrtum vom Wortlaut her nicht erfasst, **156** kann es sich insoweit nur um eine analoge Anwendung dieser Vorschrift handelt. Oben wurde bereits betont, dass § 16 I 1 StGB für den Täter günstiger ist als § 17 StGB. Wenn vor diesem Hintergrund die vom Wortlaut her einschlägige Vorschrift des § 17 StGB nicht angewendet wird, sondern stattdessen die sachnähere Vorschrift des § 16 I 1 StGB, so handelt es sich um eine Analogie zum Vorteil des Täters, die nicht dem Analogieverbot unterfällt.[122]

Analogie zum Vorteil des Täters

> **MERKSATZ** **157**
>
> Als **eingeschränkte Schuldtheorie** wird jede Theorie bezeichnet, die die Wertungsirrtümer über die irrige Annahme eines Rechtfertigungsgrundes (Erlaubnis- und Doppelirrtum) über § 17 StGB behandelt, den reinen Sachverhaltsirrtum über die irrige Annahme eines Rechtfertigungsgrundes jedoch über § 16 I 1 StGB analog.

Differenzierung

Die eingeschränkten Schuldtheorien führen also dazu, dass beim Erlaubnistatbestandsirrtum in analoger Anwendung von § 16 I 1 StGB der Täter nicht wegen vorsätzlicher Tatbegehung bestraft werden kann. Es bleibt jedoch die Möglichkeit, ihn bei Vermeidbarkeit des Irrtums wegen fahrlässiger Tatbegehung zu bestrafen, was § 16 I 2 StGB (ebenfalls analog) explizit klarstellt.[123] In diesem Fall wäre die Sorgfaltspflichtverletzung des Täters, nicht erkannt zu haben, dass die irrig angenommenen rechtfertigenden Umstände gar nicht vorliegen. Ob man diese Sorgfaltspflichtverletzung annimmt, ist eine Frage des Einzelfalls, dürfte jedoch in der Regel zu bejahen sein.

158

Keine Vorsatzstrafe aber möglicher Sorgfaltspflichtverstoß

Sofern ein solcher Sorgfaltspflichtverstoß – ausnahmsweise - nicht gegeben ist, **159** bleibt der Täter im Erlaubnistatbestandsirrtum vollständig straffrei.

---

122   *Heinrich, AT, Rn 1132; Knobloch, JuS 2010, 864, 867*
123   *BGH, HRRS 2011 Nr. 557 Rn 12 = RA 2011, 359, 363*

„Hell's
Angels"-Fall

BEISPIEL (nach BGH, NStZ 2012, 272 = RA 2012, 109): R, ein führendes Mitglied des Motorradclubs „Hell's Angels", hatte erfahren, dass er von Mitgliedern des konkurrierenden Clubs „Bandidos" ermordet werden solle. Zeitgleich erließ das Amtsgericht in einem gegen R geführten Ermittlungsverfahren einen Durchsuchungsbefehl für seine Wohnung. Wegen der zu befürchtenden Gewaltbereitschaft des R und seiner polizeibekannten Bewaffnung wurde zur Vollstreckung des Durchsuchungsbefehls ein Spezialeinsatzkommando (SEK) der Polizei hinzugezogen. Als das SEK versuchte, am frühen Morgen in die Wohnung einzudringen, ging R davon aus, dass es sich um Mitglieder der „Bandidos" handeln würde, die ihn töten wollten. Er rief: „Verpisst Euch!" Hierauf sowie auf das Einschalten des Lichts reagierten die vor der Tür befindlichen SEK-Beamten nicht; sie gaben sich nicht zu erkennen und fuhren fort, die Türverriegelungen aufzubrechen. Da bereits zwei von drei Verriegelungen der Tür aufgebrochen waren und der Angeklagte in jedem Augenblick mit dem Eindringen der vermeintlichen Angreifer rechnete, schoss er ohne weitere Warnung, insbesondere ohne einen Warnschuss abzugeben, nun gezielt auf die Tür, wobei er billigend in Kauf nahm, einen der Angreifer tödlich zu treffen. Das Geschoss durchschlug die Verglasung der Tür, drang durch den Armausschnitt der Panzerweste des an der Tür arbeitenden Polizeibeamten ein und tötete diesen.

Der BGH hat in diesem Fall angenommen, dass die Annahme der Notwehrlage durch R nicht fahrlässig verursacht worden sei und ihn deshalb freigesprochen. Es ist hier nicht der Ort, dieses Urteil zu bewerten,[124] jedoch belegt diese Entscheidung zumindest, dass der Sorgfaltspflichtverstoß nicht gleichsam „automatisch" bejaht werden darf.

Fahrlässigkeit   **160**   **KLAUSURHINWEIS**

Diese Überlegungen führen gleichzeitig dazu, dass im Gutachten nach der Ablehnung der Vorsatzstrafe eine Prüfung wegen fahrlässiger Tatbegehung erfolgen muss,[125] sofern das Strafgesetzbuch ein entsprechendes Fahrlässigkeitsdelikt kennt.

Sorgfaltspflicht-   **161**   **MERKSATZ**
verstoß

Sofern beim Erlaubnistatbestandsirrtum eine Bestrafung wegen fahrlässiger Tatbegehung in Frage kommt, ist als möglicher Sorgfaltspflichtverstoß stets auf die mangelnde Sorgfalt bei der Zurkenntnisnahme des tatsächlichen Lebenssachverhalts abzustellen.

Streitpunkt:
Begründung der
Analogie

Der Streit innerhalb der eingeschränkten Schuldtheorie beginnt nun bei der Frage nach der genauen dogmatischen Begründung der analogen Anwendung des § 16 I 1 StGB.

---

124   *Der Polizeieinsatz war wohl rechtswidrig. Die Durchsuchung gem. §§ 102 ff. StPO ist eine offen durchzuführende Maßnahme. Die Gezielte Überraschung im Schlaf widerspricht dem Rechtsgedanken des § 104 StPO. Vgl. z.B. Engländer, NStZ 2012, 272, 275; Rotsch, ZJS 2012, 109, 112 f.*
125   *Gasa, JuS 2005, 890, 895*

bb) Die Lehre vom Ausschluss des Vorsatzunrechts

Eine Ansicht will den Vorsatz in zwei Teilkomponenten aufspalten. Nach dieser **162** Ansicht sei zwischen dem Vorsatz, den Tatbestand zu verwirklichen, und dem Vorsatz, dabei Unrecht zu tun, zu unterscheiden.[126] Nach dieser hier sog. **Lehre vom Ausschluss des Vorsatzunrechts** handele der Täter beim Erlaubnistatbestandsirrtum zwar mit dem Vorsatz zur Tatbestandsverwirklichung, jedoch fehle ihm dabei der Vorsatz, auch Unrecht zu tun, weshalb eine Bestrafung wegen vorsätzlicher Tat ausscheide. Damit entfällt nach dieser Auffassung bereits das Unrecht der vorsätzlichen Tat, weil die Tat subjektiv nicht rechtswidrig sei.

Vorsatz, Unrecht zu tun

cc) Die rechtsfolgenverweisende Variante der eingeschränkten Schuldtheorie

Demgegenüber will eine andere Auffassung keine Vorsatzkomponente entfallen **163** lassen, sondern eine reine Schuldkomponente. Deshalb sei die analoge Anwendung von § 16 I 1 StGB auf seine Rechtsfolge, dass keine Vorsatzstrafe eintritt, zu beschränken.[127] Insofern sei dem Täter nicht der Vorwurf zu machen, dass er vorsätzlich Schuld auf sich geladen habe. Nach dieser sog. **rechtsfolgenverweisenden Variante der eingeschränkten Schuldtheorie** entfällt beim Erlaubnistatbestandsirrtum deshalb der sog. **Vorsatzschuldvorwurf**, weshalb die vorsätzliche Tat nicht schuldhaft begangen sei.

Vorsatzschuldvorwurf als Schuldkomponente

dd) Ablehnung der strengen Schuldtheorie

Die strenge Schuldtheorie führt bei Vermeidbarkeit des Irrtums zur Vorsatzstrafe des **164** sich im Erlaubnistatbestandsirrtum befindenden Täters. Dies kann schon deshalb nicht überzeugen, weil der Täter, der sich bloß über den Sachverhalt irrt, mit seinen Wertungen auf dem Boden der Rechtsordnung steht. Er ist „an sich rechtstreu".[128] Damit ist ihm nicht der Vorwurf der vorsätzlichen Auflehnung gegen die Rechtsordnung zu machen. Vielmehr trifft ihn der Vorwurf der mangelnden Sorgfalt bei der Zurkenntnisnahme des Lebenssachverhalts. Dieser Vorwurf ist von der Struktur her ein Fahrlässigkeitsvorwurf. Diesen zu erheben bleibt nach § 16 I 2 StGB weiterhin möglich. Nach der strengen Schuldtheorie wird letztlich ein fahrlässig handelnder Täter wegen eines Vorsatzdelikts bestraft. Folglich kann der strengen Schuldtheorie nicht gefolgt werden.[129]

Der an sich rechtstreue Täter

ee) Hintergrund des Meinungsstreits innerhalb der eingeschränkten Schuldtheorien und Ablehnung der Lehre vom Ausschluss des Vorsatzunrechts

Der Streit um die Frage, ob beim Erlaubnistatbestandsirrtum eine Vorsatzkompo- **165** nente und damit das Unrecht der Tat oder eine reine Schuldkomponente in analoger Anwendung von § 16 I 1 StGB entfällt, kann nur vor dem Hintergrund der Voraussetzungen der Bestrafung von Teilnehmern an der Tat verstanden werden. Nach §§ 26 und 27 StGB setzt eine Bestrafung wegen Anstiftung bzw. Beihilfe eine vorsätzliche

Strafbarkeitslücken bei der Teilnahme

---

126 In nicht ganz einheitlichen Formulierungen wird der Vorsatz, das Vorsatzunrecht oder der Handlungsunwert einer vorsätzlichen Tat verneint: S/S-Heine/Weißer, StGB, Vorbem §§ 25 ff. Rn 29; S/S-Sternberg-Lieben/Schuster, StGB, § 15 Rn 35; § 16 Rn 18; Joecks, StGB, § 27 Rn 19; Roxin, AT I, § 14 Rn 64 ff.; Geppert, JURA 2007, 33, 36 f.; Kühl/Hinderer, JURA 2012, 488, 490; in diese Richtung BGH, NStZ-RR 2013, 139, 141; BGH, HRRS 2010 Nr. 948 Rn 18 = RA 2010, 741, 745

127 Fischer, StGB, § 16 Rn 22; Gropp, AT, § 13 Rn 113 f.; Heinrich, AT, Rn 1134; Krey/Esser, AT, Rn 743 ff.; Wessels/Beulke/Satzger, AT, Rn 478 f.; Helmrich, JA 2006, 351, 356; Rengier/Brand, JuS 2008, 514, 518; in diese Richtung wohl auch BGHSt 45, 378, 384; 31, 264, 286 f. und BGH, NStZ 2012, 272, 274 („Vorsatzschuld")

128 BGHSt 3, 105, 107; Hecker, JuS 2011, 369, 370 f.

129 Zu diesen Gegenargumenten z.B. Gropp, AT, § 13 Rn 107 – 109; Kühl, AT, § 13 Rn 72; Satzger, JK 4/11, StGB § 32/34: Der Täter sei ein „Schussel" aber kein „Schurke".

und rechtswidrige Haupttat (also fremdes Unrecht) voraus. Diese fehlt jedoch, wenn als Folge des Erlaubnistatbestandsirrtums eine Vorsatzkomponente entfällt. Somit drohen nach der Lehre vom Ausschluss des Vorsatzunrechts Strafbarkeitslücken für Teilnehmer. Diese zu schließen ist das primäre Anliegen der rechtsfolgenverweisenden Variante der eingeschränkten Schuldtheorie.

Schon vor diesem Hintergrund ist der rechtsfolgenverweisenden Variante der Vorzug zu geben, weil kein Grund ersichtlich ist, den Teilnehmer von einem fremden Irrtum über das Vorliegen eines Rechtfertigungsgrundes profitieren zu lassen.

Notwehr-Argument

166 Gegen die Lehre vom Ausschluss des Vorsatzunrechts spricht außerdem, dass nach ihr gegen den Täter, der sich im Erlaubnistatbestandsirrtum befindet, keine Notwehr geübt werden könnte, weil er ja kein Unrecht verwirklichen würde. Das Risiko der irrtümlichen Annahme eines rechtfertigenden Sachverhalts muss jedoch der Täter tragen und kann nicht auf das Opfer abgewälzt werden.[130]

d) Mindermeinungen

167   KLAUSURHINWEIS
Die folgenden Auffassungen sind Mindermeinungen. Ihre Darstellung in der Klausur wird je nach Universität verlangt oder als überflüssig angesehen.[131]

Vorsatztheorie

168 Nach der Vorsatztheorie ist das Unrechtsbewusstsein eine Komponente des Vorsatzes. Deshalb sei auf jeden Irrtum über Rechtfertigungsgründe einheitlich § 16 I 1 StGB anzuwenden.[132] Diese Meinung widerspricht jedoch § 17 StGB, der das Unrechtsbewusstsein (die „Einsicht, Unrecht zu tun") der Schuld zuordnet.[133]

Lehre von den negativen Tatbestandsmerkmalen

169 Die **Lehre von den negativen Tatbestandsmerkmalen** erblickt in den Rechtfertigungsgründen negative Voraussetzungen aller Straftatbestände, die nicht vorliegen dürfen, da sonst der Gesamtunrechtstatbestand nicht vorliege. Nach dieser Ansicht lautet also z.B. der Tatbestand des Totschlags nicht „Wer einen Menschen tötet (...).", sondern der Gesamtunrechtstatbestand lautet „Wer einen Menschen tötet, ohne gerechtfertigt zu sein (...)." Auf diesen Gesamtunrechtstatbestand, also insb. auch auf das Nichtvorliegen von Rechtfertigungsgründen, muss sich folglich auch der Vorsatz des Täters beziehen. Der Täter, der sich im Erlaubnistatbestandsirrtum befindet, hat nach dieser Meinung jedoch gerade nicht den Vorsatz, ohne das Vorliegen eines Rechtfertigungsgrundes zu handeln. Er handele folglich in direkter Anwendung von § 16 I 1 StGB unvorsätzlich.[134] Gegen diese Meinung spricht, dass das Gesetz, wie die §§ 32, 34 StGB zeigen, von einer eigenen Wertungsstufe der Rechtswidrigkeit ausgeht.[135]

---

130   Heinrich, AT, Rn 1133
131   Hecker, JuS 2011, 369, 370
132   Schröder, ZStW 65 (1953), 178, 192; heute noch (z.T. einschränkend) Langer, GA 1976, 193, 212 f.; Lesch, JA 1996, 346, 351 f.; Otto, JURA 1990, 645, 647
133   Wessels/Beulke/Satzger, AT, Rn 463; Geppert, JURA 2007, 33, 35; Stiebig, JURA 2009, 274, 275
134   Kindhäuser, StGB, Vor §§ 32-35 Rn 39 ff.; Arthur Kaufmann, JZ 1954, 653, 653 ff.
135   Wessels/Beulke/Satzger, AT, Rn 126.

II. DIE BEHANDLUNG DER IRRTÜMER ÜBER RECHTFERTIGUNGSGRÜNDE IM GUTACHTEN

Nach der Klärung der rechtlichen Behandlung der unterschiedlichen Irrtümer stellt sich die Frage nach ihrer Verortung im Gutachten.

170

1. Einordnung des Irrtums

KLAUSURHINWEIS

Die völlig unterschiedliche Behandlung der drei Irrtümer über die irrige Annahme eines Rechtfertigungsgrundes durch die herrschende **eingeschränkte Schuldtheorie** bedeutet, dass in einer Klausur stets zuerst die Frage geklärt werden muss, welcher Irrtum über Rechtfertigungsgründe vorliegt, weil erst dann der weitere Begründungsweg deutlich wird.

171 Welcher Irrtum liegt konkret vor?

MERKSATZ

Welcher Irrtum über Rechtfertigungsgründe vorliegt kann nicht pauschal beantwortet werden. Vielmehr ist die Beantwortung dieser Frage stets auf den jeweiligen Rechtfertigungsgrund zu beziehen.

172 **Notwendig**: Bezug zum jeweiligen Rechtfertigungsgrund

Das zeigt sich schon bei der Wertungsfrage, ob der Einsatz einer Schusswaffe zulässig ist. Die Antwort hierauf kann natürlich nicht gegeben werden, ohne den Prüfungsmaßstab zu benennen. Ein im Rahmen des § 127 I StPO unzulässiger Einsatz der Waffe kann im Rahmen des § 32 StGB zulässig sein. Gleiches gilt für Sachverhaltsirrtümer, die sich auf unterschiedliche Rechtfertigungsgründe unterschiedlich auswirken können. Vor diesem Hintergrund ist es also möglich, innerhalb einer Tathandlung zu zwei (oder mehr) Irrtümern zu kommen. Also z.B. zu einem Erlaubnisirrtum im Bereich des § 127 I StPO und zu einem Doppelirrtum im Bereich des § 32 StGB.

173

MERKSATZ

Treffen zwei oder mehr Irrtümer zusammen und ist zumindest einer davon ein Erlaubnistatbestandsirrtum, so setzt sich seine für den Täter günstige Rechtsfolge durch und der Täter kann nicht wegen vorsätzlicher Tat bestraft werden.

174 **Konkurrenz mehrerer Irrtümer**

2. Der Erlaubnisirrtum

KLAUSURHINWEIS

Der Erlaubnisirrtum ist als **reiner Wertungsirrtum** ein Unterfall des Verbotsirrtums und wird über § 17 behandelt.[136] Dies ist in einer Klausur nicht näher zu begründen. Eine Darstellung des Meinungsstreits zum Irrtum über Rechtfertigungsgründe unterbleibt. Keinesfalls zwingt die überholte Vorsatztheorie an dieser Stelle zu einer Streitdarstellung. Dieser Irrtum ist im Prüfungspunkt der Schuld zu behandeln.

175 § 17 StGB – ohne Streitdarstellung

---

136   BGHSt 45, 219, 225; Heinrich, AT, Rn 1144

3. Der Doppelirrtum

§ 17 StGB- Erst-
Recht-Schluss

176 Es wurde bereits darauf hingewiesen, dass der Doppelirrtum im Vergleich zum Erlaubnisirrtum erst recht zur Anwendung des § 17 StGB führt, weil das „Mehr" an Irrtum den Täter nicht privilegieren kann. In einer Klausur bedeutet dies, dass die Behandlung des Doppelirrtums nach § 17 StGB im Vergleich zum normalen Erlaubnisirrtum durch einen Erst-recht-Schluss zu begründen ist.

177 **KLAUSURHINWEIS**

Auch in Fall des **Doppelirrtums** ist die Darstellung des Meinungsstreits zur Behandlung des Irrtums über Rechtfertigungsgründe unnötig. Der dargestellte Erst-recht-Schluss ist logisch zwingend und bedarf zu seiner Begründung keines umfänglichen Meinungsstreits.[137]

4. Der Erlaubnistatbestandsirrtum

H.M.:
§ 16 I analog -
Streitdarstellung

178 **KLAUSURHINWEIS**

Alleine der **Erlaubnistatbestandsirrtum**, auf den die h.M. die vom Wortlaut eigentlich passende Vorschrift des § 17 StGB nicht anwenden will, bedarf der ausführlichen Behandlung und verlangt die Darstellung des Meinungsstreits.

5. Die Verortung des Problems im Prüfungsschema

ETBI: Rechts-
widrigkeit oder
Schuld

179 Im Fall des Erlaubnistatbestandsirrtums stellt die Lehre vom Ausschluss des Vorsatzunrechts den fehlenden Vorsatz, Unrecht zu tun, in der Rechtswidrigkeit fest. Die Tat des Täters sei subjektiv nicht rechtswidrig.[138] Demgegenüber führt die rechtsfolgenverweisende Variante zur Prüfung des Problems in der Schuld, da nach ihr die Schuldkomponente des Vorsatzschuldvorwurfs entfällt.[139] Das führt für das Gutachten zur Frage, wo der Streit denn nun zu verorten ist.

180 Teilweise wird vorgeschlagen, „man bringe die Darstellung des Erlaubnistatbestandsirrtums gleich nach dem Nein zur objektiven Rechtfertigung und lasse in der Schwebe, ob dieser Teil noch zur Unrechts- oder schon zur Schuldprüfung gehört".[140] Dies ist eine Notlösung, die versucht, dem Problem auszuweichen. Dadurch schafft sie jedoch das Problem, dass zu erwarten ist, dass der Korrektor bemängelt, es werde nicht klar, welche Stufe des Verbrechensaufbaus gerade geprüft werde.[141] Diesem Aufbauhinweis sollte deshalb nicht gefolgt werden.[142]

---

137   Britz, JuS 2002, 465, 466 f., Momsen/Sydow, JuS 2001, 1194, 1198; vgl. auch Heinrich, AT, Rn 1151; a.A. nur Stoffers, Jura 1993, 376, 377

138   Herzberg/Scheinfeld, JuS 2002, 649, 654; Rudolphi, JURA 1980, 258, 266 ff. So im Ergebnis auch Martin, JuS 2004, 350, 350 und Scheffler, Jura 1993, 617, 625, der diesen Prüfungspunkt „versuchte Rechtfertigung" nennt.

139   Heinrich, AT, Rn. 1476; Wessels/Beulke/Satzger, AT, AT, Rn. 892

140   Herzberg, JA 1989, 295, 297; ähnlich Jäger, AT, Rn 217 f.; Kühl, JuS 2007, 742, 745

141   Meurer/Kahle, JuS 1993, L 60, L 62

142   Kritisch zumindest für Hausarbeiten auch Scheffler, Jura 1993, 617, 625

181 Zum Teil wird als pragmatische Lösung eine weitere Prüfungsebene zwischen Rechts-widrigkeit und Schuld vorgeschlagen, die schlicht „Erlaubnistatbestandsirrtum" zu nennen sei.[143] Im Ergebnis unterscheidet sich dieser Vorschlag nicht wesentlich vom eben abgelehnten Aufbauhinweis, weshalb er aus gleichen Gründen abzulehnen ist.

182 Somit muss sich der Bearbeiter zwischen einer Verortung in der Rechtswidrigkeit oder in der Schuld entscheiden. Der Prüfungspunkt bestimmt sich rein dogmatisch betrachtet nach der Auffassung zur Behandlung des Erlaubnistatbestandsirrtums, der man folgen möchte.[144]

183 Aus didaktischer Sicht empfiehlt sich ein Prüfungsaufbau, der möglichst eine zusammenhängende Problembehandlung gewährleistet und nicht zu einer Pro-blemstreuung über das Gutachten führt. Nur dadurch ist gewährleistet, dass der Student gerade in komplexeren Konstellationen den Überblick behält. Auch sollte der gewählte Prüfungsaufbau eine umfassende Behandlung aller in der Klausur angelegten Irrtümer über Rechtfertigungsgründe ermöglichen. Da § 17 StGB und mithin auch der Erlaubnis- und der Doppelirrtum zwingend in der Schuld zu prüfen sind, empfiehlt es sich, auch den Erlaubnistatbestandsirrtum an dieser Stelle im Gut-achten zu behandeln. Nur so kommt man auch zu der Konstellation der „Kollision" mehrerer Irrtümer über unterschiedliche Rechtfertigungsgründe. Würde man den Erlaubnistatbestandsirrtum bereits in der Rechtswidrigkeit prüfen, wäre die Prüfung danach zu Ende und Irrtümer auf Schuldebene (§ 17 StGB) könnten nicht mehr angesprochen werden.

Empfehlung: Prüfung in der Schuld

> **KLAUSURHINWEIS**   **184**
>
> Selbstverständlich darf im Gutachten der eigene Aufbau nicht begründet werden. Die genannten Überlegungen sind deshalb bloßes „Hintergrund-wissen", das in einem Gutachten nicht wiederzugeben ist.
>
> Unabhängig von allen dogmatischen Fragen muss der Student darauf bedacht sein, sich nicht sehenden Auges für ein Prüfungsschema zu ent-scheiden, welches in hohem Maße fehlerträchtig ist und ihm u.U. einzelne Problembereiche abschneidet. Deswegen wird die dringende Empfehlung ausgesprochen, der rechtsfolgenverweisenden Variante zu folgen, die zu einer klaren und einheitlichen Problemverortung in der Schuld führt.[145]

C. Vertiefung – 2. Ebene: Die „umgekehrten Irrtümer" auf Rechtfertigungsebene

185 Auch wenn die „umgekehrten Irrtümer" bei den Rechtfertigungsgründen nicht so kompliziert sind, wurden sie in der 2. Vertiefungsebene eingeordnet, um den Sinn-zusammenhang bei der Behandlung der „normalen" Irrtümer nicht zu unterbrechen.

186 Die sog. **„umgekehrten Irrtümer"** zeichnen sich auf der Ebene der Rechtswidrigkeit dadurch aus, dass der Täter irrig seine Strafbarkeit annimmt, obwohl er bei rein objektiver Betrachtung nicht strafbar wäre.

---

143   Joecks, StGB, § 16 Rn 50; Rengier, AT, § 30 Rn 9; Christoph, JA 2016, 32, 34; Hecker, JuS 2011, 369, 370; Kaspar, JuS 2004, 409, 413
144   Gasa, JuS 2005, 890, 891; Kelker, JURA 2006, 591, 596
145   Heinrich, AT, Rn 1125; Ambos/Rackow, JURA 2006, 943, 945; Dohmen, JURA 2006, 143, 146; Dürre/Wegerich, JuS 2006, 712, 716; Helmrich, JA 2006, 351, 356; Momsen/Sydow, JuS 2001, 1194, 1197 f.; Stiebig, JURA 2009, 274, 276

1. Der „umgekehrte Erlaubnistatbestandsirrtum"

187 Der Erlaubnistatbestandsirrtum ist dadurch gekennzeichnet, dass sich der Täter irrig Umstände vorstellt, die ihn, wenn sie tatsächlich vorliegen würden, rechtfertigen würden. Der „umgekehrte" Fall liegt vor, wenn der Täter objektiv gerechtfertigt ist, diese rechtfertigenden Umstände jedoch nicht erkennt und sich deshalb irrig für nicht gerechtfertigt hält. Nach h.M. ist der Täter in diesem Fall bloß wegen Versuchs zu bestrafen.[146]

2. Der „umgekehrte Erlaubnisirrtum"

Wahndelikt **188** Beim Erlaubnisirrtum nimmt der Täter irrig an, es existiere ein tatsächlich nicht anerkannter Rechtfertigungsgrund oder er überdehnt die rechtlichen Grenzen eines anerkannten Rechtfertigungsgrundes. Im „umgekehrten" Fall ist der Täter objektiv gerechtfertigt, wegen einer falschen Wertung hält der Täter sein Verhalten jedoch dennoch für strafbar. Dies stellt ein strafloses **Wahndelikt** dar.[147]

SACHVERHALT   # D. Klausurfall: „Das Feuerzeug"

189 Martha Mobil geht regelmäßig nach der Arbeit mit ihrem kleinen Hund im Stadtpark spazieren. Von dieser Gewohnheit lässt sie auch im Winter nicht ab, obwohl es zu dieser Zeit bereits dunkel ist und sie schon öfter von Überfällen in der Zeitung gelesen hat. Deshalb nimmt sie aber stets ihre Pistole mit, für die sie im Besitz eines Waffenscheines ist.

Eines Abends kommt ihr der Raucher Samuel Seelig entgegen. Er ist im Besitz eines großen silbernen Feuerzeuges. Als Samuel noch einige Meter von Martha entfernt ist, will er sich gedankenverloren eine Zigarette anzünden. Martha sieht in der Dämmerung nur, wie Samuel in seine Innentasche greift und einen größeren Gegenstand herausholt, der das Mondlicht reflektiert. Martha fährt der Schreck in die Glieder, weil sie meint, nach den ganzen Zeitungsartikeln über Überfälle im Stadtpark sei nun sie „an der Reihe". Ohne noch näher auf den Gegenstand in der Hand des Samuel zu achten ist sie davon überzeugt, dass es sich nur um ein Messer oder sonst ein Angriffswerkzeug handeln könne. Deshalb zieht sie sofort ihre stets griffbereite Pistole und ruft: „Waffe weg!". Samuel hört sie jedoch nicht, da er gerade der Musik von seinem iPod lauscht. Von der Musik inspiriert geht er weiter auf Martha zu und hebt – sein virtuelles Orchester dirigierend - die Hand mit dem „Messer" in Richtung der Martha. Wegen der unmittelbaren Nähe zu Samuel sieht Martha keine andere Rettungsmöglichkeit mehr und schießt dem Samuel, der jäh aus seinen Träumen gerissen wird, in den Oberarm. Das Feuerzeug lässt er sofort fallen.

Bearbeitervermerk:
Hat sich Martha (M) wegen gefährlichen Körperverletzung, §§ 223 I, 224 I Nr. 2 StGB, strafbar gemacht?

---

146   Ausführlich hierzu: Schweinberger, JI-Skript Strafrecht AT I, Rn 276 ff.
147   Ausführlich hierzu Schweinberger, JI-Skript Strafrecht AT I, Rn 950 f.

Abwandlung:
Wie oben. Als Samuel sein „Messer" zieht, schießt ihm Martha sofort in die Brust, obwohl zur sicheren Abwehr des vorgestellten Angriffs ein Schuss in den Arm oder in die Beine völlig genügt hätte. Samuel ist auf der Stelle tot. M war im Zeitpunkt des Schusses davon überzeugt, dass das Recht dem Unrecht nicht weichen müsse und sie den Angriff mit aller Härte zurückschlagen dürfe.

Bearbeitervermerk:
Hat sich Martha (M) wegen Totschlags, § 212 StGB, strafbar gemacht?

A. §§ 223 I, 224 I Nr. 2 StGB

LÖSUNG

Indem M dem S in den Oberarm geschossen hat, könnte sie sich wegen gefährlicher Körperverletzung gem. §§ 223 I, 224 I Nr. 2 StGB strafbar gemacht haben.

I. TATBESTAND

1. Objektiver Tatbestand

a) Grunddelikt, § 223 I StGB
Durch den Schuss in den Oberarm hat M den S übel und unangemessen behandelt und sein körperliches Wohlbefinden mehr als nur unerheblich beeinträchtigt. Eine körperliche Misshandlung ist deshalb gegeben. Auch hat sie dadurch bei S einen pathologischen Zustand hervorgerufen und ihn so an der Gesundheit geschädigt.

b) Qualifikation, § 224 I Nr. 2 StGB
Dabei hat sie sich mit der Pistole auch einer Waffe im Sinne des § 224 I Nr. 2 StGB bedient.

> **KLAUSURHINWEIS**
> Infrage kommen weiterhin die Qualifikationen Nr. 3 und Nr. 5, die aufgrund des Bearbeitervermerks jedoch nicht zu prüfen sind. Bezüglich eines hinterlistigen Überfalls fehlte der M jedenfalls der Vorsatz, da sie davon ausging, von S angegriffen zu werden. Für die das Leben gefährdende Behandlung wird nach h.L. eine konkrete Gefährdung verlangt, die nicht gegeben ist. Nach der Rspr. genügt eine abstrakte Lebensgefährdung, die hier wegen des gezielten Schusses in den Oberarm aus unmittelbarer Nähe fehlen dürfte.

2. Subjektiver Tatbestand
M handelte mit dem Willen zur Tatbestandsverwirklichung in Kenntnis aller objektiven Tatumstände, also vorsätzlich.

II. RECHTSWIDRIGKEIT
Die Rechtswidrigkeit würde entfallen, wenn M gerechtfertigt wäre.

1. Notwehr, § 32 StGB

M könnte durch Notwehr, § 32 StGB, gerechtfertigt sein. Dies würde zunächst das Vorliegen eines gegenwärtigen rechtswidrigen Angriffs verlangen. Ein Angriff ist jede durch menschliches Verhalten drohende Beeinträchtigung rechtlich geschützter Interessen. S wollte sich nur eine Zigarette anzünden, weshalb es im Rahmen der bei der Notwehrlage gebotenen Ex-post-Betrachtung an einem gegenwärtigen Angriff fehlt. Eine Rechtfertigung über § 32 StGB scheidet aus.

KLAUSURHINWEIS

Keinesfalls darf an dieser Stelle vorschnell zum Problem des Irrtums übergeleitet werden. Zunächst ist der Frage nachzugehen, ob nicht andere Rechtfertigungsgründe eingreifen. Sollte dies der Fall sein, stellt sich das Problem des Irrtums gar nicht mehr, weil der Täter ja gerechtfertigt ist.

In diesem Zusammenhang ist stets an die Prüfung des rechtfertigenden Notstands, § 34 StGB, zu denken. Dies hat seinen Grund darin, dass der Begriff der Gefahr bei § 34 StGB im Vergleich zum Begriff des Angriffs bei § 32 StGB der umfassendere Begriff ist. Es ist also denkbar, dass das Vorliegen eines Angriffs zwar abzulehnen ist, aber dennoch eine Gefahr i.S.d. § 34 StGB vorliegt.[148]

2. Notstand, § 34 StGB

Zwar wird das Vorliegen einer Notstandslage nicht ex post, sondern aus der Ex-ante-Sicht eines besonnenen Durchschnittsbürgers bestimmt, jedoch gab es nach Sachverhalt keinen Anlass, das Feuerzeug für eine Waffe und die konkrete Situation für einen Angriff zu halten. Deshalb fehlt es an einer gegenwärtigen Gefahr. Eine Rechtfertigung über § 34 StGB scheidet aus.

III. SCHULD

Fraglich ist jedoch, wie es sich auswirkt, dass M bei Begehung der Tat irrig davon ausgegangen ist, S greife sie gerade mit einem Messer an. Dieser Irrtum könnte das Unrechtsbewusstsein der M entfallen lassen.

1. Rechtliche Einordnung der Fehlvorstellung der M

Hinsichtlich des § 32 StGB könnte ein Erlaubnistatbestandsirrtum der M vorliegen. Ein Erlaubnistatbestandsirrtum liegt vor, wenn der Täter bei Begehung der Tat irrig Umstände für gegeben hält, die ihn bei ihrem tatsächlichen Vorliegen gerechtfertigt hätten.

KLAUSURHINWEIS

Diese **Definition des Erlaubnistatbestandsirrtums** ist immens wichtig! Verfehlt ist die häufig verwendete Definition, dass sich der Täter für gerechtfertigt gehalten hat. Dies trifft nämlich auch auf den Erlaubnis- und den sog. Doppelirrtum zu und ist folglich nicht dazu geeignet, den Erlaubnistatbestandsirrtum präzise zu beschreiben.

---

148   *Gasa*, JuS 2005, 890, 892

Wäre S gerade dabei gewesen, mit einem Messer auf die M loszugehen, so hätte ein gegenwärtiger rechtswidriger Angriff i.S.d. § 32 I StGB von S auf M und somit eine Notwehrlage gem. § 32 II StGB vorgelegen. Der gegen S gerichtete Schuss in den Oberarm hätte in diesem Fall auch eine rechtmäßige Notwehrhandlung darstellen müssen, hätte also geeignet, erforderlich und geboten sein müssen.

Geeignet ist eine Notwehrhandlung, wenn sie nicht von vornherein als völlig ungeeignet erscheint, den Angriff in qualitativer oder in quantitativer Hinsicht abzuschwächen. Der Schuss wäre geeignet gewesen, einen tatsächlichen Angriff des S auf M zumindest abzuschwächen.

Erforderlich ist eine Notwehrhandlung, wenn und soweit sie zur Verteidigung das relativ mildeste Mittel darstellt. Dabei darf der Angegriffene nicht auf u.U. unsichere Abwehrmittel verwiesen werden. Beim in der Regel immer lebensgefährlichen Einsatz von Schusswaffen gelten insoweit jedoch Einschränkungen. Der Verteidiger hat den Einsatz der Schusswaffe - nach Möglichkeit - zunächst anzudrohen, dann einen Warnschuss abzugeben, dann in Beine oder Arme zu schießen bevor er einen u.U. tödlichen Körper- oder Kopfschuss abgeben darf. Hier hat M nach der Warnung keinen Warnschuss mehr abgegeben, sondern sofort in den Oberarm des S geschossen. S war jedoch bereits in unmittelbarer Nähe von M und hatte den Arm bereits gehoben und das - aus der Sicht der M - Messer auf M gerichtet. In dieser Situation darf M zu einer sofortigen und sicheren Abwehr des Angriffs schreiten. Ein bloßer Warnschuss hätte einen Angriff des S nicht mehr sicher abwehren können. Der Schuss in den Oberarm wäre daher erforderlich gewesen.

Die Gebotenheit der Notwehrhandlung fehlt, wenn die Verteidigung rechtsmissbräuchlich ist. Hierfür ist nichts ersichtlich, sodass der Schuss auch geboten gewesen wäre.

Da M auch mit Verteidigungswillen gehandelt hat, wäre sie, falls S sie tatsächlich angegriffen hätte, wegen Notwehr gerechtfertigt gewesen. M hat sich somit in einem Erlaubnistatbestandsirrtum befunden.

KLAUSURHINWEIS

Diese sog. hypothetische Prüfung ist notwendig, um den Erlaubnistatbestandsirrtum zum Fall des Doppelirrtums abzugrenzen. Beim Doppelirrtum irrt sich der Täter nicht nur auf der Ebene der Rechtfertigungssachverhalts (so beim Erlaubnistatbestandsirrtum), sondern zusätzlich auch noch auf der Ebene der Wertung.

Im Rahmen der **hypothetischen Prüfung** ist also nicht pauschal das Vorliegen beispielsweise einer Notwehrlage an sich zu unterstellen, sondern nur der Sachverhalt, wie ihn sich der Täter vorgestellt hat. Das wird in aller Regel zur unproblematischen Bejahung der Notwehrlage führen, muss aber zumindest kurz festgestellt werden.

Keinesfalls darf die Prüfung des subjektiven Rechtfertigungselements vergessen werden,[149] auch wenn dies bei der irrigen Annahme eines Rechtfertigungsgrundes stets zu bejahen sein dürfte.

---

149   Kühl, AT, § 13 Rn 69; vgl. die Falllösung bei Graul, JuS 92, L 49 f.

2. Rechtliche Behandlung des Erlaubnistatbestandsirrtums

Fraglich ist, welche Auswirkungen das Vorliegen eines Erlaubnistatbestandsirrtums auf die Strafbarkeit des Täters hat. Ausgangspunkt für die Beantwortung dieser Frage ist die Erkenntnis, dass der Täter, der im Erlaubnistatbestandsirrtum handelt und sich folglich für gerechtfertigt hält, nicht die Einsicht hat, Unrecht zu tun. Ihm fehlt das Unrechtsbewusstsein.

> **KLAUSURHINWEIS**
> Das **Unrechtsbewusstsein** fehlt dem Täter auch beim Erlaubnis- und beim Doppelirrtum. Das muss hier jedoch nicht erwähnt werden, da es hier nur um die rechtliche Behandlung des Erlaubnistatbestandsirrtums geht.

Strenge Schuldtheorie

Man könnte deshalb aufgrund des einschlägigen Wortlauts § 17 StGB für anwendbar halten und den Erlaubnistatbestandsirrtum wie einen Verbotsirrtum behandeln. Nach dieser sog. strengen Schuldtheorie kommt es darauf an, ob der Irrtum für M vermeidbar war oder nicht. Da es keinen Grund gab, das Verhalten des S als Angriff zu deuten, war der Irrtum der M vermeidbar. Sie ist nach dieser Theorie folglich wegen gefährlicher Körperverletzung zu bestrafen.

Eingeschränkte Schuldtheorie

Demgegenüber könnte man jedoch darauf abstellen, dass es sich beim Erlaubnistatbestandsirrtum um einen reinen Sachverhaltsirrtum handelt. Für einen derartigen Sachverhaltsirrtum über Rechtfertigungsgründe könnte man die Sachverhaltsirrtumsvorschrift des § 16 I 1 StGB als sachnäher ansehen, sog. eingeschränkte Schuldtheorie. Da § 16 I 1 StGB jedoch einen Irrtum über einen Umstand des Tatbestandes voraussetzt, käme nur eine analoge Anwendung dieser Vorschrift in Frage. Eine derartige Analogie würde zumindest nicht dem strafrechtlichen Analogieverbot widersprechen, da § 16 I 1 StGB im Vergleich zu § 17 StGB die für den Täter günstigeren Rechtsfolgen nach sich zieht. Innerhalb dieser Meinung bestehen jedoch unterschiedliche Auffassungen über Grund und Konsequenzen der analogen Anwendung von § 16 I StGB beim Erlaubnistatbestandsirrtum.

Lehre vom Ausschluss des Vorsatzunrechts

Einerseits könnte man den Vorsatz in die zwei Komponenten Vorsatz zur Verwirklichung des Tatbestandes und Vorsatz dabei Unrecht zu tun aufspalten. Nach dieser sog. Lehre vom Ausschluss des Vorsatzunrechts ist ein Vorsatz, Unrecht zu tun, bei M, die sich gerechtfertigt glaubte, nicht feststellbar, weshalb eine Bestrafung wegen vorsätzlicher Tat ausscheidet.

Rechtsfolgen-verweisende Variante der einge-schränkten Schuldtheorie

Andererseits könnte man zur Vermeidung von Strafbarkeitslücken im Bereich der Teilnahme, die ja eine vorsätzliche Haupttat verlangt, die analoge Anwendung von § 16 I 1 StGB auf die Rechtsfolge des Ausschlusses der Vorsatzstrafe beschränken. Nach dieser sog. rechtsfolgenverweisenden Variante der eingeschränkten Schuldtheorie ist M nicht der Vorwurf zu machen, dass sie vorsätzlich Schuld auf sich geladen habe. Mangels sog. Vorsatzschuldvorwurfes und damit mangels Schuld kann M auch nach dieser Theorie nicht wegen vorsätzlicher Tat bestraft werden.

Nur die strenge Schuldtheorie führt zur Vorsatzstrafe bei M. Diese Theorie lässt jedoch außer Acht, dass § 17 StGB einen Bewertungsirrtum des Täters regelt. Der Täter im Erlaubnistatbestandsirrtum wertet jedoch richtig, da er bei Vorliegen des von ihm angenommenen Sachverhalts auch tatsächlich gerechtfertigt wäre. Er befindet sich also im Einklang mit den Bewertungsmaßstäben der Rechtsordnung und ist „an sich rechtstreu". Vielmehr unterliegt er einem Sachverhaltsirrtum, weil

er irrig die tatbestandlichen Voraussetzungen eines anerkannten Rechtfertigungsgrundes für gegeben hält. Damit ist dem Täter nur der Vorwurf mangelnder Sorgfalt
bei der Zurkenntnisnahme des Lebenssachverhalts zu machen. Dies ist jedoch von
seiner Struktur ein Fahrlässigkeits- und kein Vorsatzvorwurf. Deshalb liegt es näher,
den Erlaubnistatbestandsirrtum dem Anwendungsbereich des Tatbestandsirrtums,
§ 16 I StGB analog, zu unterstellen.

> **KLAUSURHINWEIS**
> Eine weitergehende Streitentscheidung ist nicht erforderlich.[150] Sollte für
> einen weiteren Teilnehmer an der Tat eine Anstiftung oder eine Beihilfe in
> Frage kommen, so wäre im Rahmen der Teilnahmeprüfung innerhalb des
> Prüfungspunktes der vorsätzlichen rechtswidrigen Haupttat der Frage nach-
> zugehen, ob eine solche nach den eingeschränkten Schuldtheorien noch
> besteht. Dies wäre nach der Lehre vom Ausschluss des Vorsatzunrechts
> zu verneinen, nach der rechtsfolgenverweisenden Variante hingegen zu
> bejahen. Da das Problem aus o.g. Gründen in der Schuld verortet wurde,
> ist nunmehr konsequenter Weise der rechtsfolgenverweisenden Variante
> zu folgen, um sich innerhalb des Gutachtens nicht in einen Widerspruch zu
> verwickeln.[151]

B. Ergebnis
M hat sich nicht gem. §§ 223 I, 224 I Nr. 2 StGB strafbar gemacht.

> **KLAUSURHINWEIS**
> In Betracht kommt jedoch eine Bestrafung wegen fahrlässiger Körperver-
> letzung, § 229 StGB, die gem. § 16 I 2 StGB unberührt bleibt. Der M kann also
> zum Vorwurf gemacht werden, fahrlässig Schuld auf sich geladen zu haben,
> weil sie nicht erkannt hat, dass S sie gar nicht angreifen wollte. Dies ist nach
> dem Bearbeitervermerk jedoch nicht mehr zu erörtern.

LÖSUNG ABWANDLUNG

A. § 212 I StGB
Indem M dem S in die Brust geschossen hat, könnte sie sich wegen Totschlags, § 212 I
StGB, strafbar gemacht haben.

I. TATBESTAND

1. Objektiver Tatbestand
M hat S, einen Menschen, durch den Schuss getötet.

2. Subjektiver Tatbestand
Die M handelte dabei mit dem Willen zur Tatbestandsverwirklichung in Kenntnis
aller objektiven Tatumstände, also vorsätzlich.

---

150   Kühl, AT, § 13 Rn 66
151   Momsen/Sydow, JuS 2001, 1194, 1197, Fn 37

II. RECHTSWIDRIGKEIT

Mangels Vorliegens eines Angriffs des S oder einer gegenwärtigen Gefahr war M nicht gerechtfertigt und handelte folglich rechtswidrig (vgl. Ausgangsfall).

III. SCHULD

Fraglich ist jedoch, wie es sich auswirkt, dass M bei Begehung der Tat irrig davon ausgegangen ist, S greife sie gerade mit einem Messer an.

1. Rechtliche Einordnung der Fehlvorstellung der M

Bei dieser Sachlage könnte hinsichtlich des § 32 StGB ein Erlaubnistatbestandsirrtum der M vorliegen. Ein Erlaubnistatbestandsirrtum liegt vor, wenn der Täter bei Begehung der Tat Umstände für gegeben hält, die ihn bei ihrem tatsächlichen Vorliegen gerechtfertigt hätten.

Wäre S gerade dabei gewesen, M anzugreifen, so hätte ein gegenwärtiger rechtswidriger Angriff i.S.d. § 32 I StGB von S auf M und somit eine Notwehrlage gem. § 32 II StGB vorgelegen. Der gegen S gerichtete Schuss auf den Oberkörper hätte in diesem Fall auch eine rechtmäßige Notwehrhandlung darstellen müssen, hätte also geeignet, erforderlich und geboten sein müssen.

Geeignet ist eine Notwehrhandlung, wenn sie nicht von vornherein als völlig ungeeignet erscheint, den Angriff in qualitativer oder in quantitativer Hinsicht abzuschwächen. Der Schuss wäre geeignet gewesen, einen tatsächlichen Angriff des S auf M zumindest abzuschwächen.

Erforderlich ist eine Notwehrhandlung, wenn und soweit sie zur Verteidigung das relativ mildeste Mittel darstellt. Dabei darf der Angegriffene nicht auf u.U. unsichere Abwehrmittel verwiesen werden. Beim in der Regel immer lebensgefährlichen Einsatz von Schusswaffen gelten insoweit jedoch Einschränkungen. Der Verteidiger hat den Einsatz der Schusswaffe - nach Möglichkeit - zunächst anzudrohen, dann einen Warnschuss abzugeben, dann in Beine oder Arme zu schießen bevor er einen u.U. tödlichen Körper- oder Kopfschuss abgeben darf. Hier war nach Lage der Dinge der sofort tödliche Schuss nicht erforderlich. M hätte zumindest eine Warnung aussprechen müssen. Auch ein Schuss in den Arm oder in die Beine wäre der M möglich und zur sofortigen sicheren Abwehr völlig ausreichend gewesen. Selbst wenn die Vorstellung der M richtig gewesen wäre, hätte sie dem S nicht sofort in die Brust schießen dürfen. Sie befand sich im Zeitpunkt der Abgabe des Schusses folglich nicht im Erlaubnistatbestands-, sondern im sog. Doppelirrtum.

KLAUSURHINWEIS

Hier zeigt sich erneut die Bedeutung der hypothetischen Prüfung (Wäre der Täter gerechtfertigt gewesen, wenn seine Vorstellung zutreffend gewesen wäre?): Nur diese Prüfung ermöglicht die **Abgrenzung zwischen Erlaubnistatbestands- und dem Doppelirrtum.**

2. Rechtliche Behandlung des Doppelirrtums

Fraglich ist, wie dieser Doppelirrtum rechtlich zu behandeln ist. Beim Doppelirrtum treffen Tatumstandsirrtum (fehlerhafte Vorstellung eines Angriffs) und Bewertungsirrtum (Vorstellung der M, sofort in die Brust schießen zu dürfen) zusammen. Zu klären ist, ob dieser Doppelirrtum sein Gepräge vor allem durch den Tatumstandsirrtum - was zur Anwendung von § 16 I StGB analog führen würde - oder vor allem durch den Bewertungsirrtum – was zur Anwendung von § 17 StGB führen würde - erhält. Im Unterschied zum Erlaubnistatbestandsirrtum befindet sich der Täter im Doppelirrtum nicht im Einklang mit den Bewertungsmaßstäben der Rechtsordnung. Sein Verhalten kann nicht mehr als „an sich rechtstreu" beschrieben werden. Selbst wenn die Vorstellung der M hinsichtlich des Angriffs des S zutreffend gewesen wäre, so hätte sie ihm doch nicht in die Brust schießen dürfen. Somit erhält der Doppelirrtum sein entscheidendes Gepräge durch den Bewertungsirrtum des Täters. Dies wird bestätigt durch den Vergleich mit den Rechtsfolgen, den ein reiner Wertungsirrtum über das Vorliegen eines Rechtfertigungsgrundes nach sich zieht. Ein derartiger Erlaubnisirrtum ist über § 17 StGB zu behandeln. Da § 17 StGB zu einer strengen Vermeidbarkeitsprüfung führt und folglich in seinen Rechtsfolgen für den Täter im Vergleich zu § 16 I StGB nachteilhafter ist, kann der Doppelirrtum ebenfalls nur über § 17 StGB behandelt werden. Anderenfalls würde das „Mehr" an Irrtum den Täter beim Doppelirrtum im Vergleich zum Erlaubnisirrtum privilegieren, was nicht angeht. Der Doppelirrtum ist damit dem Erlaubnisirrtum näher als dem Erlaubnistatbestandsirrtum und folglich nach § 17 StGB zu behandeln.

Es kommt also gem. § 17 StGB darauf an, ob die Fehlvorstellung der M, dass sie berechtigt sei, mit aller Härte den Angriff zurückzuschlagen, vermeidbar war.

Der Irrtum ist unvermeidbar, wenn der Täter trotz der ihm nach den Umständen des Falles, seiner Persönlichkeit sowie seinem Lebens- und Berufskreis zuzumutenden Anspannung des Gewissens die Einsicht in das Unrechtmäßige seines Handels nicht zu gewinnen vermochte.[152] Das setzt voraus, dass er alle seine geistigen Erkenntniskräfte eingesetzt und etwa auftauchende Zweifel durch Nachdenken und erforderlichenfalls durch Einholung von Rat beseitigt hat.[153] M hätte erkennen können und müssen, dass die Rechtsordnung einem Angegriffenen nicht per se ein „Exekutionsrecht" gegenüber dem Angreifer einräumt, sondern dass das Rechtsgut Leben so weit wie möglich zu schonen ist. M hat somit schuldhaft gehandelt. Ihre Strafe kann gem. § 17 S. 2 StGB gemildert werden.

B. Ergebnis

M hat sich des Totschlags, § 212 I StGB, strafbar gemacht. Ihre Strafe kann gemildert werden, §§ 17 S. 2, 49 I StGB.

FALLENDE

---

152   BGHSt 2, 194, 201
153   BGHSt 4, 1, 5

TEST ZUM IRRTUM AUF RECHTFERTIGUNGSEBENE

190 Die folgenden **Übungsfälle** sollen der Wiederholung und Vertiefung des bisher gelernten Stoffes dienen. Die Lösungen finden sich im Anhang am Ende des Skriptes.

191 **Fall 15:**

Bäckermeister B geht irrtümlich davon aus, dass er seinem Lehrling L wegen eines ihm zustehenden Züchtigungsrechts eine Ohrfeige wegen Ungehorsams verabreichen darf. Strafbarkeit wegen § 223 I StGB?

Fall 16:

Ladendieb D hat im Supermarkt CDs gestohlen. Der Kaufhausdetektiv A hat ihn beobachtet und bringt D nach Passieren der Kasse in erforderlicher Nothilfe gem. § 32 II StGB zu Fall und nimmt ihn in den Schwitzkasten. D leistet zunächst Widerstand, der aber zunehmend schwächer wird; zum Schluss zuckt D nur noch leicht. A wertet dies als Vorbereitung eines weiteren Angriffs und drückt noch fester zu – in Wahrheit waren es Panikreaktionen des Erstickens. D bekommt keine Luft mehr und stirbt.

Fall 17:

Einbrecher E steigt in das Haus des Weinsammlers W ein. E kann gerade noch eine Flasche an sich nehmen, als W den ungebetenen Gast bemerkt und mit seiner Schrotflinte den Bestand seiner Sammlung verteidigen will. E rennt aus dem Keller. W sieht ihn mit der Flasche flüchten und erkennt eine Lücke in seiner Sammlung bei den besonders teuren Rothschild-Weinen. Als E weder auf Zuruf noch auf einen Warnschuss hin reagiert, schießt W gezielt und trifft E tödlich. E hatte in Wirklichkeit nur eine Flasche billigen Fusel im Wert von 2,50 Euro gestohlen. Die vermutete Flasche Rothschild hingegen ist gut 4.000 Euro wert. Sie findet sich am nächsten Tag an anderer Stelle, da W sie im Regal falsch eingeräumt hatte.

Fall 18:

Der fünfjährige N rennt, mit einem Messer bewaffnet, wütend auf A zu. A erkennt die gefährliche Lage zutreffend und schlägt N nieder, obwohl ihr ein Ausweichen problemlos möglich gewesen wäre. Dies tut A in der irrigen Vorstellung, dass ihr gegen N das volle Notwehrrecht zustehe.

Fall 19:

Der fünfjährige Nachbarsjunge N rennt auf A zu. A meint, ein Messer in der Hand des Jungen zu erkennen und denkt, er wolle sie attackieren. Tatsächlich handelte es sich bei dem Gegenstand um ein harmloses Spielzeug. Auch wollte N sie nicht angreifen, sondern mit ihr spielen. Aufgrund des vermeintlichen Angriffs schlägt A den N nieder, obwohl ihr ein Ausweichen ohne Weiteres möglich gewesen wäre. Dies tut A in der irrigen Vorstellung, dass ihr gegen N das volle Notwehrrecht zustehe.

DER IRRTUM ÜBER ENTSCHULDIGUNGSGRÜNDE

A. Allgemeines

Auch beim Irrtum über Entschuldigungsgründe ist zwischen Sachverhalts- und Wertungsirrtümern zu unterscheiden. In Anlehnung an die Begrifflichkeiten beim Irrtum über Rechtfertigungsgründe kann man von einem Entschuldigungstatbestandsirrtum und einem Entschuldigungsirrtum sprechen.

192 Sachverhalts- und Wertungsirrtum

B. Der Entschuldigungstatbestandsirrtum

Ein Entschuldigungstatbestandsirrtum liegt vor, wenn sich der Täter irrig die rechtlichen Voraussetzungen eines anerkannten Entschuldigungsgrundes vorstellt, bei deren Vorliegen er tatsächlich entschuldigt wäre. Dieser Entschuldigungstatbestandsirrtum ist für den entschuldigenden Notstand in § 35 II StGB explizit geregelt. Hiernach handelt der Täter ohne Schuld, falls der Irrtum nicht vermeidbar war. War der Irrtum vermeidbar, so führt § 35 II 2 StGB zur obligatorischen Strafmilderung.

193 § 35 II StGB

Den Grund für den Schuldausschluss bei Unvermeidbarkeit des Irrtums kann man darin erblicken, dass die psychische Zwangslage für den Täter stets die Gleiche ist, unabhängig von der Frage, ob die Gefahr tatsächlich besteht oder ob er sie sich nur einbildet. Gleiches gilt für den Fall, dass die Gefahr tatsächlich nicht anders abwendbar ist oder dass der Täter sich dies nur einbildet. Stets besteht für den Täter der gleiche subjektive Motivationsdruck, der ihn in einer psychischen Ausnahmesituation zur rechtswidrigen Tat drängt.

194 Ratio legis

MERKSATZ

§ 35 II StGB ist auf Sachverhaltsirrtümer bei anderen Entschuldigungsgründen analog anzuwenden.[154]

195

BEISPIEL (nach BGHSt 48, 255, „Haustyrannen-Fall"): Frau F wird seit Jahren von ihrem Ehemann E, dem Chef einer Rockerbande, auf das Übelste misshandelt und erniedrigt. Als die Gewalttätigkeiten beginnen, sich auf die gemeinsamen Töchter auszudehnen, sieht F in ihrer Verzweiflung keine andere Möglichkeit mehr, als E im Schlaf zu erschießen.

196 Haustyrannen-Fall

Mangels eines gegenwärtigen Angriffs scheidet Notwehr als Rechtfertigungsgrund aus. Eine Rechtfertigung über § 34 StGB scheitert an der Güterabwägung, da eine Abwägung „Leben gegen Leben" bei § 34 StGB stets unzulässig ist. § 35 StGB greift nur ein, wenn die Dauergefahr für das Leben und die körperliche Unversehrtheit nicht anders abwendbar war. Hier hätte die Gefahr anders als durch Erschießen des E abgewendet werden können, sodass F nicht gem. § 35 StGB entschuldigt ist. Da F an die Wirksamkeit staatlicher Hilfe jedoch nicht gedacht bzw. geglaubt hat, sondern glaubte, sich und ihre Tochter nicht anders schützen zu können, als durch die Tötung

---

154   BGHSt 3, 194, 198; Heinrich, AT, Rn 1155; Kühl, AT, § 13 Rn 84; Bachmann, JA 2009, 510, 511

des E, hat sie sich Umstände vorgestellt, die sie bei tatsächlichem Vorliegen gem. § 35 I StGB entschuldigt hätten. Gem. § 35 II StGB kommt es bei diesem Entschuldigungstatbestandsirrtum auf die Vermeidbarkeit des Irrtums an. Der BGH ging im obigen Beispiel von der Vermeidbarkeit des Irrtums aus.[155] Die Strafe war aber gem. § 35 II 2 StGB zu mildern.

Prüfungsort: Schuld	**197** **KLAUSURHINWEIS** Der **Entschuldigungstatbestandsirrtum** ist innerhalb der Schuld zu prüfen und zwar im unmittelbaren Anschluss an die Feststellung, dass die Voraussetzungen des Entschuldigungsgrundes nicht vorliegen.[156]

Täter ist bloß objektiv entschuldigt

198 Keine Anwendung findet § 35 StGB, wenn der Täter zwar objektiv entschuldigt ist, dies aber nicht weiß. In diesem Fall fehlt es nämlich an der psychischen Zwangslage der Täters, die die Basis für seine Entschuldigung ist.[157]

C. Der Entschuldigungsirrtum

Gesetzlich nicht geregelt

199 Ein Entschuldigungsirrtum liegt vor, wenn der Täter irrig von der Existenz eines tatsächlich nicht existierenden Entschuldigungsgrundes ausgeht (Entschuldigungsexistenzirrtum) oder wenn er die Grenzen eines anerkannten Entschuldigungsgrundes zu seinen Gunsten überdehnt (Entschuldigungsumfangsirrtum). Letzteres wäre z.B. der Fall, wenn der Täter meint, § 35 StGB erfasse auch den Schutz von Vermögenswerten.

Unbeachtlicher Irrtum

Der Entschuldigungsirrtum ist gesetzlich nicht geregelt. Er ist nach ganz herrschender Ansicht unbeachtlich.[158] Der Täter entfernt sich in diesen Fällen derart weit von der Rechtsordnung, dass selbst eine Strafmilderung wie sie die §§ 35 II 2, 17 S. 2 StGB vorsehen, hier unangebracht wäre. Wann der Gesetzgeber trotz rechtswidriger und schuldhafter Tatbegehung auf die Erhebung eines Schuldvorwurfes verzichtet, ist seiner Entscheidung überlassen. Die gesetzgeberischen Entscheidungen und Wertungen in den §§ 33, 35 StGB können zwar durch die Gerichte in Extremfällen ausgedehnt werden (z.B. durch die Anerkennung eines übergesetzlichen entschuldigenden Notstands), nicht aber durch beliebige Wertungen des Täters.

Prüfungsort: Schuld	**200** **KLAUSURHINWEIS** Auf den **Entschuldigungsirrtum** ist im Rahmen der Schuld einzugehen.

155   BGHSt 48, 255, 257 f.; kritisch Otto, NStZ 2004, 142, 144; Rengier, NStZ 2004, 233, 237 ff.
156   Heinrich, AT, Rn 1155
157   Roxin, AT I, § 22 Rn 32 ff.; Bachmann, JA 2009, 510, 512
158   Heinrich, AT, Rn 1157; Kühl, AT, § 13 Rn 85; Rengier, AT, § 32 Rn 3; Bachmann, JA 2009, 510, 512; a.A. Fischer, StGB, § 35 Rn 17; Joecks, StGB, § 17 Rn 12 (Anwendung von § 17 StGB)

DER IRRTUM ÜBER STRAFAUSSCHLIESSUNGSGRÜNDE

A. Allgemeines

Auch im Bereich der Strafausschließungsgründe kann es zu Irrtümern des Täters kommen. **Persönliche Strafausschließungsgründe** gibt es im StGB z.B. in den §§ 36, 173 III, 257 III 1, 258 VI StGB. Auch hier lassen sich die Irrtümer wiederum in Sachverhalts- und Wertungsirrtümer einteilen.

201 §§ 36, 173 III, 257 III 1, 258 VI StGB

B. Sachverhaltsirrtum über einen Strafausschließungsgrund

Streitig ist, wie der Fall zu lösen ist, dass sich der Täter irrig Umstände vorstellt, die einen Strafausschließungsgrund begründen würden.

202

Nach einer Ansicht ist insoweit allein die objektive Sachlage entscheidend (objektive Theorie).[159] Die Strafausschließungsgründe stünden jenseits von Unrecht und Schuld, sodass die Tätervorstellung insofern keine Rolle spielen könne und Irrtümer deshalb stets unbeachtlich seinen. Die Gegenauffassung (subjektive Theorie) stellt allein auf die Tätervorstellung ab.[160] Unabhängig von der tatsächlichen Sachlage sei der Täter, der sich die Voraussetzungen eines Strafausschließungsgrundes vorstelle, in derjenigen psychischen Ausnahmesituation, die den Grund für den Strafausschluss darstelle.

203 Objektive und subjektive Theorie

Richtig dürfte es sein, nach der Art des Strafausschließungsgrundes zu differenzieren. Begründen staatspolitische Belange oder kriminalpolitische Zweckmäßigkeitserwägungen des Strafausschluss (so bei §§ 36, 173 III StGB), ist die objektive Sachlage entscheidend. Liegt dem Strafausschluss eine notstandsähnliche Motivationslage zugrunde (so bei §§ 257 III, 258 VI StGB), ist die Tätervorstellung maßgebend.[161]

204 Differenzierende Lösung

BEISPIEL: T bewahrt für den Dieb D Beute auf. Hierbei geht er davon aus, dass es sich um Beute aus einem Diebstahl handelt, zu dem er Beihilfe geleistet hatte. Die Beute stammte jedoch aus einem anderen Diebstahl des D. Greift der persönliche Strafausschließungsgrund des § 257 III StGB ein?

Objektiv war T nicht i.S.d. § 257 III StGB an der Vortat beteiligt, er nahm dies aber an. Nach der objektiven Theorie käme § 257 III StGB dem T nicht zugute. Die subjektive Theorie würde § 257 III StGB zugunsten des T anwenden. Die differenzierende Theorie würde für T ebenfalls zum Strafausschluss nach § 257 III StGB führen.

C. Wertungsirrtum über einen Strafausschließungsgrund

Der Wertungsirrtum über das Vorliegen eines Strafausschließungsgrundes ist gesetzlich nicht geregelt. Er ist nach einhelliger Ansicht unbeachtlich.[162] Der Täter entfernt sich in diesen Fällen derart weit von der Rechtsordnung, dass selbst eine Strafmilderung wie sie die §§ 35 II 2, 17 S. 2 StGB vorsehen, hier unangebracht wäre.

205

BEISPIEL: T meint, auch Freundschaften unterfielen dem Angehörigenprivileg des § 258 VI i.V.m. § 11 I Nr. 1 StGB und begeht eine Strafvereitelung zugunsten seines besten Freundes.

---

159 BGHSt 18, 123, 125; Jescheck/Weigend, AT, § 29 V 7d
160 OLG Düsseldorf, NJW 1986, 1822, 1822
161 Joecks, StGB, § 17 Rn 14; Heinrich, AT, Rn 1163; Wessels/Beulke/Satzger, AT, Rn 499; Exner, ZJS 2009, 516, 523
162 Heinrich, AT, Rn 1166

206 Die folgenden **Übungsfälle** sollen der Wiederholung und Vertiefung des bisher gelernten Stoffes dienen. Die Lösungen finden sich im Anhang am Ende des Skriptes.

Fall 20:

A bezahlt dem 17-jährigen Mädchen M für die Vornahme sexueller Handlungen 100,- €. Er nimmt irrtümlich an, er habe es mit einer 18-jährigen Person zu tun. Strafbarkeit des A wegen § 182 I Nr. 1 StGB?

Fall 21:

Gast G nimmt nach einem Restaurantbesuch aus Versehen statt seines eigenen den Schirm des O mit, da dieser seinem zum Verwechseln ähnlich sieht. Strafbarkeit wegen § 242 I StGB?

Fall 22:

F radiert auf dem Bierdeckel 2 Striche der Kellnerin weg und bezahlt dadurch bei der Abrechnung 2 Bier zuwenig. Er erklärt später, dass er nicht gewusst habe, dass „das Gekrakel auf dem Bierdeckel" eine Urkunde sei. Eine Urkunde sei für ihn ein Schriftstück mit Unterricht. Hat sich F wegen Urkundenfälschung gemäß § 267 I Var. 2 StGB strafbar gemacht?

Fall 23:

A verlässt in der Abenddämmerung ihre Wohnung. Sie bemerkt, dass sich eine Person an ihrem Auto zu schaffen macht. Aufgrund der schlechten Lichtverhältnisse kann sie nicht erkennen, um wen es sich handelt. A befürchtet, dass ein Autodieb versucht, ihren Wagen zu stehlen. Sie nähert sich dem Unbekannten und streckt diesen willentlich mit einem wuchtigen Faustschlag nieder. Erst jetzt erkennt sie, dass es sich um ihre Freundin F handelt, die ihr ein kleines Grußkärtchen unter den Scheibenwischer klemmen wollte.
Hat sich A gem. § 223 I StGB strafbar gemacht?

Fall 24:

T will seinem Nachbarn N das Küchenfenster von dessen Eigentumswohnung einwerfen. Da T den Wurf aber zu hoch ansetzt, geht die Scheibe des einen Stock darüber wohnenden Eigentümers E kaputt.

Fall 25:

Nach der „unschönen" Trennung von seiner Freundin F nahm E den gemeinsam erworbenen Fernsehapparat aus der Wohnung der F mit zu sich. Er hält sich dazu für berechtigt, da der Apparat ja schließlich nicht allein der F gehöre.

Fall 26:
2008 wurde das Schutzalter in § 182 I Nr. 1 StGB von sechzehn auf achtzehn Jahre erhöht. B hat davon keine Kenntnis erlangt. Er bezahlt der 17-jährigen M für die Vornahme sexueller Handlungen 100,- €. Er denkt dabei, dass das in Ordnung sei, da dies nur bei unter 16-jährigen strafbar sei. Strafbarkeit wegen § 182 I Nr. 1 StGB?

Fall 27:
Rentner R ertränkt den Pudel seiner Nachbarin N, weil ihm dieser zu laut bellt. Er stellt sich auf den Standpunkt, dass Tiere keine Sachen seien und eine Bestrafung wegen „Tierbeschädigung" nicht strafbar gemäß § 303 StGB sein könne. Strafbarkeit wegen Sachbeschädigung?

Fall 28:
Am Rosenmontag jobbt der Student und geübte Sportschütze T in einer Tankstelle in Mainz. In der Schublade unter der Kasse liegt wie immer „für alle Fälle" die geladene Schusswaffe des Tankstellenpächters P. Plötzlich betritt der mit einer Clownsmaske verkleidete O, welcher eigentlich nur Bier kaufen möchte, den Verkaufsraum. T glaubt, im Schlüsselbund in der Hand des O ein Messer zu erkennen, und denkt an einen Überfall. Sofort schießt er O ohne Vorwarnung aus über 10 Meter Entfernung in den Brustkorb, wobei O zu Tode kommt. T erkennt zwar, dass ein tödlicher Schuss wegen der Größe des Verkaufsraums nicht notwendig wäre, denkt jedoch, mit solchem Gesindel könne man ruhig kurzen Prozess machen. Strafbarkeit des T?

Fall 29:
G lässt sich vom Optiker O eine Brille anfertigen. Er bezahlt diese auch, doch O verweigert grundlos wiederholt die Herausgabe der Brille. Eines Tages entwendet G die Brille aus dem Laden. Er ist der Auffassung, die Brille gehöre ihm, da sie schließlich für ihn angefertigt und von ihm – und das sei ja wohl entscheidend – bezahlt wurde. Hat sich G nach § 242 I StGB strafbar gemacht?

Fall 30:
Wegen einer plötzlichen Gefühlsaufwallung schlägt der Karatelehrer L dem O mit Eventualtötungsvorsatz auf den Kehlkopf. O geht bewusstlos zu Boden. L hält den O irrig für tot und sucht nach einer Möglichkeit, die Tat zu verdecken. Er knüpft den O an einem Seil auf, kippt einen Stuhl um und versucht auf diese Weise, einen Selbstmord des O vorzutäuschen. O stirbt erst in der Schlinge.

Fall 31:
T zersticht die Reifen am Pkw des P in der Annahme, es handele sich um das Auto seines Nebenbuhlers N.

Fall 32:
T schickt einen mit einer Bombe versehenen Brief an seinen geschäftlichen Konkurrenten K, um diesen zu verletzen. Der Brief wird von der Sekretärin S geöffnet, die im Gesicht und an den Händen verletzt wird. § 224 StGB ist nicht zu prüfen.

ANHANG: LÖSUNGEN DER TEST-FÄLLE

A. Lösungen der Test-Fälle zum Irrtum auf Tatbestandsebene

207 **KLAUSURHINWEIS**
Die Lösungshinweise sind keine ausformulierten Musterlösungen. Vielmehr dienen sie der Lernkontrolle hinsichtlich der Frage, wie der Fall inhaltlich zu lösen ist.

208 **Lösung Fall 1:**
Objektiv ist mit der Auftragsbestätigung eine Urkunde vernichtet worden. Fraglich ist jedoch der Vorsatz der R. Vorsatz verlangt Kenntnis aller Tatumstände und einen Willen zur Tatbestandsverwirklichung. Hier fehlte R schon die Kenntnis von der im Papierkorb sich befindenden Urkunde, weshalb sie gem. § 16 I StGB unvorsätzlich handelte.

209 **Lösung Fall 2:**
Der objektive Tatbestand des § 303 I StGB ist auch verwirklicht, wenn die Brauchbarkeit der Sache zu ihrem bestimmungsgemäßen Zweck nicht nur unerheblich beeinträchtigt ist. Dies ist bei einem in seine Einzelteile zerlegten Fahrrad der Fall. Fraglich ist jedoch der Vorsatz des T. Vorsatz verlangt Kenntnis aller Tatumstände und einen Willen zur Tatbestandsverwirklichung. Letzterer ist hier fraglich, da T glaubte, keine Sachbeschädigung zu begehen.
T verstand durchaus, dass ein in seine Einzelteile zerlegtes Rennrad für seinen Eigentümer zumindest für eine längere Dauer nicht mehr brauchbar ist, womit er die für die Wollenskomponente des Vorsatzes ausreichende Bedeutungskenntnis hatte. Dass damit ein Beschädigen i.S. von § 303 StGB gegeben ist, ist kein für den Vorsatz notwendiges Wissen. Er kannte alle Umstände, die zur Unbrauchbarkeit des Rennrads führten, weshalb § 16 I StGB ausscheidet. Anders formuliert: T hat bei richtiger Erkenntnis des Sachverhalts nur „falsch subsumiert", sich also über die Wertungen der Rechtsordnung geirrt. Damit liegt bloß ein unbeachtlicher – weil vermeidbarer – Verbotsirrtum nach § 17 StGB vor.

210 **Lösung Fall 3:**
K könnte sich wegen Totschlags gem. § 212 I StGB strafbar gemacht haben.
Im objektiven Tatbestand ist die objektive Zurechnung zu bejahen, da es bei der Abgabe eines Schusses auf einen Menschen nicht atypisch ist, dass sich das Opfer im Moment der Abgabe des Schusses bewegt und deswegen ein anderer Körperteil des Opfers getroffen wird.
K handelte vorsätzlich hinsichtlich der Tötung des O und hinsichtlich der Abgabe des Schusses. Allerdings müsste K auch hinsichtlich des Kausalverlaufs vorsätzlich gehandelt haben. Das ist der Fall, wenn sich das Geschehen in den Grenzen der allgemeinen Lebenserfahrung bewegt – was sich schon aus der obigen Bejahung der objektiven Zurechnung ergibt – und keine andere Bewertung der Tat gerechtfertigt ist.

Die Tatsache, dass das Opfer eines Killers wegen einer Eigenbewegung an einer anderen Körperstelle als vom Killer gedacht tödlich getroffen wird, kann eine andere Bewertung nicht rechtfertigen. K hatte Vorsatz zum Kausalverlauf und ist gem. § 212 I StGB strafbar.

Lösung Fall 4: 211

A könnte sich wegen Totschlags gem. § 212 I StGB strafbar gemacht haben.
Im objektiven Tatbestand ist die objektive Zurechnung fraglich.
A hat die Gefahr geschaffen, dass B an dem Gift stirbt. Diese Gefahr hat sich aber nicht realisiert.
Allerdings könnte man auch sagen, dass es in der „Pflaumensaison" nicht atypisch ist, dass Bienen durch Pflaumenkuchen angelockt werden und dadurch für Allergiker gefährlich werden können. Sieht man den Geschehensablauf folglich als nicht atypisch an (was man wohl auch anders sehen könnte), stellt sich die Vorsatzfrage.
A müsste auch hinsichtlich des Kausalverlaufs vorsätzlich gehandelt haben. Das ist der Fall, wenn sich das Geschehen in den Grenzen der allgemeinen Lebenserfahrung bewegt und keine andere Bewertung der Tat gerechtfertigt ist. Da A von der Biene aber keine Kenntnis hat, dürfte eine Strafbarkeit gem. § 212 I StGB ausscheiden.
Es kommt aber eine Bestrafung gem. §§ 212 I, 22, 23 I StGB (wegen der Vergiftung) in Tateinheit gem. § 52 StGB mit fahrlässiger Tötung gem. § 222 StGB (wegen der Biene; a.A. vertretbar) in Betracht.

Lösung Fall 5: 212

T könnte sich wegen Totschlags gem. § 212 I StGB strafbar gemacht haben.
Im objektiven Tatbestand stellt sich die Frage nach der objektiven Zurechnung. Da der Laie häufig nicht in der Lage sein wird, den Tod seines Opfers festzustellen und sich für die T zudem die Frage nach der „Beseitigung" der Leiche gestellt hat, ist der Geschehensablauf, der zum Tod der W geführt hat, nicht atypisch und der Tod der W somit der T objektiv zurechenbar.
Fraglich ist alleine, ob ein Vorsatz zum Kausalverlauf gegeben ist.
Die Lösung ist bei Fällen eines sog. mehraktigen Geschehens streitig.
Versuchslösung: Das Geschehen ist in zwei Teilakten zu prüfen: §§ 212 I, 22, 23 I StGB durch den Sand in Tatmehrheit gem. § 53 StGB mit § 222 StGB durch das Werfen in die Jauchegrube.
Lehre vom Generalvorsatz: Da T nicht schon beim Stopfen des Sandes in den Mund die spätere Beseitigung der Leiche der W in der Jauchegrube plante, entspricht die Lösung derjenigen der Versuchslösung.
Wesentlichkeitstheorie (h.M.): Der Vorsatz zum Kausalverlauf ist gegeben, wenn die Abweichung unwesentlich ist. Das ist der Fall, wenn sich das Geschehen in den Grenzen der allgemeinen Lebenserfahrung bewegt und keine andere Bewertung der Tat gerechtfertigt ist.
Nach obigen Ausführungen ist das Geschehen in den Grenzen der Lebenserfahrung. Eine andere Bewertung der Tat der T dürfte ausscheiden. Mithin wäre T gem. § 212 I StGB zu bestrafen.
Gegen die Versuchslösung spricht, dass sie das Prinzip der Einzelfallgerechtigkeit verletzt. Gegen die Lehre vom Generalvorsatz spricht, dass sie dem Einlassungsgeschick des Täters Tür und Tor öffnet.

213   Lösung Fall 6:

T könnte sich wegen Totschlags gem. § 212 I StGB an P strafbar gemacht haben.

Im objektiven Tatbestand ist die objektive Zurechnung zu bejahen, da es bei einem Schuss nicht atypisch ist, dass vom Ziel „unweit" entfernt stehende Personen getroffen werden können. Mithin hat sich im Tod des P die von T geschaffene Schussgefahr realisiert.

Fraglich ist vor allem der Vorsatz bzgl. der Erfolgsherbeiführung, da T ja „eigentlich" den G töten wollte.

Vorsatz wäre zu bejahen, wenn T zumindest billigend in Kauf genommen hätte, auch den P statt G zu treffen („Streuvorsatz"). Hierzu gibt der Sachverhalt nichts her. Folglich ist die Tat des T fehlgegangen (sog. „aberratio ictus").

Streitig ist die rechtliche Behandlung:

Theorie der formellen Gleichwertigkeit: T wollte töten und hat getötet; mithin lägen objektiver und subjektiver Tatbestand deckungsgleich vor, weshalb der Vorsatz bzgl. P gegeben sei.

Konkretisierungstheorie (h.M.): Der Vorsatz des T hat sich auf G konkretisiert. P hingegen wollte T gar nicht treffen (s.o.: kein „Streuvorsatz"), weshalb ein Vorsatz bzgl. P zu verneinen ist.

Stellungnahme: Die Theorie der formellen Gleichwertigkeit unterstellt dem T einen generellen Tötungsvorsatz, obwohl dieser nicht festgestellt werden kann.

Folge: Strafbarkeit wegen versuchten Totschlags in Tateinheit mit fahrlässiger Tötung prüfen (!) und beim gegebenen Sachverhalt auch bejahen.

214   Lösung Fall 7:

T könnte sich wegen Totschlags gem. § 212 I StGB an P strafbar gemacht haben. Fraglich ist alleine der Vorsatz bzgl. der Erfolgsherbeiführung, da T ja „eigentlich" den G töten wollte. Dass es sich bei dem Opfer um P und nicht um G handelt, sog. „error in persona", stellt für T einen Sachverhaltsirrtum über Tatumstände dar. Es könnte insoweit ein Tatbestandsirrtum gem. § 16 I StGB vorliegen. Dann müsste T einen Umstand nicht gekannt haben, der zum gesetzlichen Tatbestand gehört. Zum Tatbestand des § 212 I StGB gehört nur der Umstand „Mensch". Der Name des menschlichen Opfers ist insoweit unerheblich. Folglich ist der error in persona wenn und weil die Objekte „Mensch P" und „Mensch G" rechtlich gleichwertig sind, unbeachtlich. T handelt bzgl. der Tötung des P vorsätzlich. T hat sich gem. § 212 I StGB strafbar gemacht.

In Betracht kommt weiterhin eine Strafbarkeit wegen versuchten Totschlags am „eigentlich gewollten" Objekt G gem. §§ 212 I, 22, 23 I StGB. Insofern fehlt es jedoch am Tatentschluss (also am Vorsatz), da T nicht zwei Menschen töten wollte und der von T betätigte Vorsatz hinsichtlich der Strafbarkeit gem. § 212 I StGB an P bereits „verbraucht" ist (Verbot der Doppelverwertung des Vorsatzes).

Lösung Fall 8:   215

In Betracht kommt eine Strafbarkeit des V wegen Totschlags durch Unterlassen gem. §§ 212 I, 13 StGB.

Die objektiven Voraussetzungen liegen sämtlich vor. Allerdings ist der Vorsatz des V bzgl. seiner Garantenstellung für K fraglich.

V hat den Umstand, dass es sich bei dem ertrinkenden Kind um sein eigenes handelt, nicht erkannt. Nur dieser Umstand begründet aber seine Garantenstellung und damit auch seine Strafbarkeit gem. § 13 StGB. Mithin liegt bei V ein Tatbestandsirrtum gem. § 16 I StGB vor, der seinen Vorsatz entfallen lässt.

(Damit ergibt sich auch, dass der „error in persona" nicht stets unbeachtlich ist. Unbeachtlich wäre es hingegen gewesen, wenn V seinem ertrinkenden Sohn S nicht hilft, diesen aber irrig für seine Tochter T gehalten hat. In diesem Fall hätte V für beide Kinder eine Garantenstellung und der „error in persona" wäre insoweit wieder unbeachtlich.)

Lösung Fall 9:   216

Eine Strafbarkeit wegen Totschlags gem. § 212 I StGB scheitert gem. § 16 I StGB am Vorsatz. T kannte den Umstand „Mensch", der zum Tatbestand des Totschlags gehört, aufgrund seines Sachverhaltsirrtums nicht.

Jedoch hat sich T wegen fahrlässiger Tötung des Menschen gem. § 222 StGB strafbar gemacht.

Weiterhin liegt in Tateinheit gem. § 52 StGB eine Strafbarkeit wegen (untauglicher) versuchter Sachbeschädigung am untauglichen Objekt Mensch gem. §§ 303 I, 22, 23 I StGB vor.

Beachte: Kein (!) unbeachtlicher „error in persona", da die Objekte Mensch und Sache rechtlich nicht gleichwertig sind.

Lösung Fall 10:   217

Es liegt eine Strafbarkeit wegen versuchten Totschlags am untauglichen Objekt Sache gem. §§ 212 I, 22, 23 I StGB vor. Die Strafbarkeit des untauglichen Versuchs ergibt sich insoweit im Umkehrschluss aus § 23 III StGB.

Eine „fahrlässige Sachbeschädigung" (an der Puppe) kennt das StGB nicht.

Beachte: Kein (!) unbeachtlicher „error in persona", da die Objekte Mensch und Sache rechtlich nicht gleichwertig sind.

Lösung Fall 11:   218

Es liegt eine Strafbarkeit wegen versuchten Totschlags an S gem. §§ 212 I, 22, 23 I StGB vor.

Eine „fahrlässige Sachbeschädigung" (an der Puppe) kennt das StGB nicht.

Beachte: Kein (!) „klassischer" Fall einer „aberratio ictus", da die Objekte Mensch und Sache rechtlich nicht gleichwertig sind. Daher muss auch der Streit (formelle Gleichwertigkeitstheorie gegen Konkretisierungstheorie) nicht dargestellt werden.

219 Lösung Fall 12:

Eine Strafbarkeit wegen Totschlags gem. § 212 I StGB scheitert schon daran, dass T die Tötung des S nicht wollte und sich auch nicht bewusst gemacht hatte, dass die Kugel S treffen könnte.

Hinweis: Sofern es im Sachverhalt einen Hinweis gegeben hätte, dass T die Möglichkeit erkennt, S zu treffen, aber darauf vertraut, dass dies schon nicht passieren wäre, wäre hier auf das **Abgrenzungsproblem** von Vorsatz und (bewusster) Fahrlässigkeit einzugehen gewesen.

Jedoch hat sich T wegen fahrlässiger Tötung des S gem. § 222 StGB strafbar gemacht. Weiterhin liegt in Tateinheit gem. § 52 StGB eine Strafbarkeit wegen versuchter Sachbeschädigung an der Puppe gem. §§ 303 I, 22, 23 I StGB vor.
Beachte: Kein (!) „klassischer" Fall einer „aberratio ictus", da die Objekte Mensch und Sache rechtlich nicht gleichwertig sind. Daher muss auch der Streit (formelle Gleichwertigkeitstheorie gegen Konkretisierungstheorie) nicht dargestellt werden.

220 Lösung Fall 13:

T könnte sich gem. § 212 I StGB strafbar gemacht haben.
Hier stellt sich die Frage, ob ein „error in persona" oder eine „aberratio ictus" vorliegt, weil der Fall Bestandteile beider Rechtsfiguren enthält: Nach dem Anbringen der Bombe entwickelt sich der Kausalverlauf anders als gedacht. Damit ist äußerlich eine Aberratio-ictus-Konstellation gegeben. Andererseits musste der Erfolg unweigerlich an der Person eintreten, die den Wagen bestieg; insoweit liegt die Annahme eines error in persona nahe.
Fraglich ist deshalb, wie solche Fälle der „mittelbaren Opferindividualisierung" zu lösen sind.
Die einen nehmen eine aberratio ictus an, weil der Täter sein Opfer über das Auto gleichsam „geistig anvisiert" habe.
Die anderen gehen von einem error in persona aus, da der Täter die Person im Auto treffen wollte und getroffen habe, diese Person nur nicht den Namen N, sondern M getragen habe.
Für den – nach h.M. im Vergleich zur aberratio ictus härter bestraften – error in persona spricht, dass mit der Bombe das Geschehen aus der Hand gegeben wird und dadurch die besondere Gefahr dafür geschaffen wird, dass das falsche Opfer (oder gar mehrere Opfer) in die Falle tappt.
Also ist T wegen Totschlags an M gem. § 212 I StGB zu bestrafen.
Ein in Tateinheit stehender Versuch am eigentlich gewollten Objekt N scheidet wegen des Verbots der Doppelverwertung des Vorsatzes aus.

221 Lösung Fall 14:

Auch hier handelt es sich um einen Fall der mittelbaren Opferindividualisierung, der wie der obige Fall zu lösen ist.

B. Lösungen der Test-Fälle zum Irrtum auf Rechtfertigungsebene

Lösung Fall 15:   222

B hat den L i.S.d. § 223 I 1. Var. StGB körperlich misshandelt und damit den objektiven Tatbestand der Körperverletzung erfüllt. B handelte auch vorsätzlich hinsichtlich aller objektiven Tatbestandsmerkmale. Ein Rechtfertigungsgrund in Form eines Züchtigungsrechts bestand nicht, sodass die Tat auch rechtswidrig war.

B sieht sein Verhalten jedoch als ausnahmsweise erlaubt an, weil er irrig einen Rechtfertigungsgrund für sich in Anspruch nimmt. Fraglich ist, welcher Irrtum über das Vorliegen eines Rechtfertigungsgrundes gegeben ist. Bei völlig richtig erkanntem Sachverhalt vertritt B die falsche Rechtsansicht, dass ihm als Meister gegenüber seinem Lehrling ein Züchtigungsrecht zustünde. Damit irrt er aufgrund falscher Wertung über die Existenz eines Rechtfertigungsgrundes (Erlaubnissatzes), sog. Erlaubnis-(Existenz)-Irrtum. Dieser stellt einen Unterfall des Verbotsirrtums gem. § 17 StGB dar.
Gem. § 17 S. 1 StGB war dieser auch vermeidbar, denn B hätte schon während seiner Meisterausbildung davon hören müssen, dass man auf Auszubildende nicht körperlich einwirken darf. C handelt also nicht ohne Schuld, möglich ist aber eine Strafmilderung nach §§ 17 S. 2, 49 I StGB.

Lösung Fall 16:   223

Da A wohl keinen Tötungsvorsatz hatte, kommt eine Körperverletzung mit Todesfolge gem. § 227 StGB in Betracht.
Dies setzt zunächst eine vorsätzlich begangene Körperverletzung voraus.
Tatbestandlich ist diese ohne Probleme gegeben. Auch die Voraussetzungen des § 227 StGB dürften vorliegen.
Fraglich ist, ob A gerechtfertigt ist. Die Nothilfe des A zu Gunsten des Eigentümers ist spätestens ab dem Moment nicht mehr erforderlich, ab dem D sich im Todeskampf des Erstickens befindet.
Allerdings hat A die Panikreaktionen des D als weiteren Angriff gedeutet. Damit irrte er sich über den tatsächlich vorliegenden Sachverhalt. Es könnte ein Erlaubnistatbestandsirrtum vorliegen. Das wäre der Fall, wenn A bei tatsächlichem Vorliegen der vorgestellten Sachlage gerechtfertigt gewesen wäre.
Hätte D tatsächlich weiterhin Widerstand geleistet, wäre der weitere Schwitzkasten erforderlich gewesen. Auch die weiteren Voraussetzungen der Nothilfe hätten dann vorgelegen, A wäre also gerechtfertigt gewesen. Mithin befand sich A in einem Erlaubnistatbestandsirrtum, der die Vorsatzstrafe nach der ganz herrschenden eingeschränkten Schuldtheorie ausschließt.
A ist jedoch gem. § 222 wegen fahrlässiger Tötung zu bestrafen.[163]

---

163   BGH, NJW 2000, 1348 f.

224 Lösung Fall 17:

W könnte sich gem. § 212 I StGB strafbar gemacht haben.

In Betracht kommt jedoch eine Rechtfertigung gem. § 32 StGB.

Eine Verteidigung des Billigweines mit lebensgefährlichen Mitteln ist aufgrund der sozialethischen Einschränkungen des Notwehrrechts nicht gerechtfertigt gewesen. Die Rettung des Rothschild, der einen sehr bedeutenden Vermögenswert darstellt, wäre jedoch notwehrrechtlich zulässig, da W die Restriktionen allesamt beachtet hat, die für den Schusswaffengebrauch bei der Verteidigung gelten, sodass seine Tat bei Zutreffen der Vorstellung, dass der Rothschild Objekt des Diebstahls sei, gerechtfertigt gewesen wäre.

Mithin liegt auch hier ein Erlaubnistatbestandsirrtum vor.

Wenn und weil der Irrtum des W, dass der Rothschild gestohlen worden sei, vermeidbar war, hat er sich gem. § 222 StGB wegen fahrlässiger Tötung strafbar gemacht.

225 Lösung Fall 18:

Hier irrt A nicht über das Vorliegen einer Notwehrlage, sondern über die Gebotenheit ihrer Notwehrhandlung. Die situative Bewertung ist mithin zutreffend. Die Schlüsse, die sie für ihr persönliches Verhalten hieraus zieht, sind jedoch fehlerhaft, indem sie die zulässige Reichweite des ihr zustehenden Rechtfertigungsgrundes verkennt. Denn tatsächlich gilt nach h.M. bei einem Angriff schuldlos Handelnder (insbesondere beim Angriff durch ein Kind), dass der Angegriffene auszuweichen hat, sofern ihm dies möglich und zumutbar ist.

Aufseiten der A lag damit kein Erlaubnistatbestandsirrtum, sondern ein Erlaubnisirrtum vor. Solch ein nach § 17 StGB zu behandelnder Irrtum liegt vor, wenn sich der Täter entweder über die rechtlichen Grenzen eines Rechtfertigungsgrundes irrt oder aber, wenn er fälschlicherweise das Vorliegen eines rechtlich nicht anerkannten Rechtfertigungsgrundes annimmt. Mithin hat sich A gem. § 223 I StGB strafbar gemacht, da der Irrtum für A vermeidbar war.[164]

226 Lösung Fall 19:

Hier interpretiert A nicht nur die Situation falsch, indem sie irrig vom Vorliegen einer Notwehrlage (Angriff auf die körperliche Unversehrtheit) ausgeht. Sie reagiert auf die vermeintliche Gefahrenlage darüber hinaus in rechtlich nicht gebilligter Art und Weise, indem sie denkt, ein Kind niederschlagen zu dürfen, auch wenn Ausweichmöglichkeiten bestehen. Sie unterliegt hier einem sog. „Doppelirrtum", der im Ergebnis wie ein normaler Erlaubnisirrtum zu behandeln ist und ebenso wie dieser der Norm des § 17 StGB unterfällt.[165]

---

164   *Fallbeispiel und Lösung von Christoph, JA 2016, 32, 33*
165   *Fallbeispiel und Lösung von Christoph, JA 2016, 32, 33*

C. Lösungen der Test-Fälle „KREUZ UND QUER"

Lösung Fall 20:

227

A hat den objektiven Tatbestand des sexuellen Missbrauchs von Jugendlichen gem. § 182 I Nr. 1 StGB erfüllt. A unterliegt aber einem vorsatzausschließenden Tatumstandsirrtum gem. § 16 I StGB hinsichtlich des tauglichen Tatobjekts. Er nimmt irrtümlich an, er habe es mit einer 18-jährigen Person zu tun, obwohl es sich tatsächlich um eine 17-jährige Person handelt. Er hat von einem Umstand, der zum Tatbestand gehört – dem Alter des Opfers – keine Kenntnis. Deshalb hat er sich mangels Vorsatzes nicht nach § 182 I Nr. 1 StGB strafbar gemacht. Die fahrlässige Begehung des sexuellen Missbrauchs von Jugendlichen ist nicht unter Strafe gestellt.

Lösung Fall 21:

228

G hat eine fremde bewegliche Sache weggenommen und damit den Tatbestand des § 242 I StGB in objektiver Hinsicht erfüllt. D müsste aber auch vorsätzlich gehandelt haben. D weiß jedoch nicht, dass der Schirm im Eigentum des O stand und damit „fremd" für ihn war. Die Fremdheit des Tatobjekts ist ein von § 242 I StGB geforderter Tatumstand, den G nicht kennt. Damit handelt G ohne Vorsatz i.S.d. § 16 I 1 StGB. Eine Strafbarkeit wegen Diebstahls ist mangels Vorsatzes somit ausgeschlossen.

Lösung Fall 22:

229

F hat den objektiven Tatbestand des § 267 I Var. 2 StGB erfüllt. F müsste aber auch vorsätzlich gehandelt haben. Er weiß jedenfalls, dass die Striche auf dem Bierdeckel die verkörperte Erklärung der Kellnerin darstellen, wie viel Bier F getrunken hat (Perpetuierungsfunktion). Ferner ist ihm klar, dass die Kellnerin als Ausstellerin erkennbar ist (Garantiefunktion) und ebenso, dass der Bierdeckel beim Bezahlen zum Beweis dienen soll, wie viel er getrunken und folglich auch zu bezahlen hat (Beweisfunktion). Damit hat er Kenntnis von allen Tatumständen. F wusste damit, dass er durch das Wegstreichen der Striche den Beweiswert des Bierdeckels verändert hat. Ihm geht es ja gerade darum, dies zur Täuschung auszunutzen. Ein vorsatzauschließender Tatumstandsirrtum gemäß § 16 I 1 StGB kommt deshalb nicht in Betracht. Anders formuliert: F „wusste genau", warum er die Striche wegradiert („Parallelwertung in der Laiensphäre").

Dass R verkennt, dass „Striche auf dem Bierdeckel" doch als Urkunde zu subsumieren ist, könnte sich allenfalls noch gemäß § 17 S. 1 StGB auf das Unrechtsbewusstsein, also auf die Schuld auswirken. Jedoch handelt es sich hier um einen bloßen Strafbarkeitsirrtum. Er ist deswegen strafbar gem. § 267 I Var. 2 StGB. Da der Verbotsirrtum auch vermeidbar war, kommt auch eine Strafmilderung gem. § 17 S. 2 StGB nicht in Betracht.

230   Lösung Fall 23:

A hat den objektiven und subjektiven Tatbestand des § 223 I StGB verwirklicht. Ein wuchtiger Faustschlag ist eine üble und unangemessene Behandlung, die das körperliche Wohlbefinden mehr als nur unerheblich beeinträchtigt, womit eine körperliche Misshandlung vorliegt. Auf subjektiver Ebene handelte A vorsätzlich.

Im Rahmen der Prüfung der Rechtswidrigkeit ist die Notwehr (§§ 32 StGB) zu erörtern. Man kommt zum Ergebnis, dass eine Notwehrlage nicht besteht, da es an einem gegenwärtigen rechtswidrigen Angriff auf ein Rechtsgut der A fehlt. F wollte schließlich das Auto nicht stehlen. Insofern hat A die Situation irrigerweise fehlinterpretiert.

Wenn der Sachverhalt jedoch so gewesen wäre, wie vorgestellt, wäre A gerechtfertigt gewesen. Deshalb liegt ein Erlaubnistatbestandsirrtum vor. Dieser lässt nach der herrschenden eingeschränkten Schuldtheorie die Vorsatzstrafe entfallen. Es bleibt aber eine fahrlässige Körperverletzung gem. § 229, weil A den korrekten Sachverhalt wohl hätte erkennen können und müssen.[166]

Da keine weiteren Rechtfertigungsgründe zugunsten der A in Betracht kommen, muss man sich nun mit dem ETI auseinandersetzen.

231   Lösung Fall 24:

T könnte sich wegen Sachbeschädigung gem. § 303 I StGB zum Nachteil des E strafbar gemacht haben.

Im objektiven Tatbestand ist die objektive Zurechnung zu bejahen, da es bei einem Wurf nicht atypisch ist, dass vom Ziel „unweit" entfernte andere Sachen getroffen werden können. Mithin hat sich in der Sachbeschädigung des Fensters des E die von T geschaffene Wurfgefahr realisiert.

Fraglich ist vor allem der Vorsatz bzgl. der Erfolgsherbeiführung, da T ja „eigentlich" das Eigentum des N beschädigen wollte.

Vorsatz wäre zu bejahen, wenn T zumindest billigend in Kauf genommen hätte, auch Eigentum des E statt Eigentum des N zu verletzen („Streuvorsatz"). Hierzu gibt der Sachverhalt nichts her. Folglich ist die Tat des T fehlgegangen (sog. „aberratio ictus"). Streitig ist die rechtliche Behandlung:

Theorie der formellen Gleichwertigkeit: T wollte eine fremde Sache beschädigen und hat eine fremde Sache beschädigt; mithin lägen objektiver und subjektiver Tatbestand deckungsgleich vor, weshalb der Vorsatz bzgl. E gegeben sei.

Konkretisierungstheorie (h.M.): Der Vorsatz des T hat sich auf das Eigentum des N konkretisiert. Eigentum des E hingegen wollte T gar nicht verletzen (s.o.: kein „Streuvorsatz"), weshalb ein Vorsatz bzgl. E zu verneinen ist.

Stellungnahme: Die Theorie der formellen Gleichwertigkeit unterstellt dem T einen generellen Sachbeschädigungsvorsatz, obwohl dieser nicht festgestellt werden kann.

Folge: Strafbarkeit wegen versuchter Sachbeschädigung prüfen (!) und beim gegebenen Sachverhalt auch bejahen. Eine Strafbarkeit wegen „fahrlässiger Sachbeschädigung" zum Nachteil des E ist dem StGB nicht zu entnehmen.

---

166   Fallbeispiel von Christoph, JA 2016, 32, 32

Lösung Fall 25:   232

Der objektive Tatbestand des § 242 I StGB ist verwirklicht. Eine Sache, die im Miteigentum von mindestens zwei Personen steht, ist auch für alle Miteigentümer eine fremde Sache. Fraglich ist jedoch der Vorsatz des E. Vorsatz verlangt Kenntnis aller Tatumstände und einen Willen zur Tatbestandsverwirklichung. Letzterer ist hier fraglich, da T glaubte, keinen Diebstahl zu begehen, weil er glaubte, dass der Fernseher für ihn mangels Alleineigentums der F nicht „fremd" war. Allerdings hat E erfasst, dass der Fernseher nicht nur ihm, sondern auch F gehörte, mithin waren ihm die Eigentumsverhältnisse an dem Apparat hinreichend bekannt. In einer „Parallelwertung in der Laiensphäre" war ihm der Bedeutungsgehalt seiner Tat klar, weshalb er vorsätzlich gehandelt hat. M.a.W.: E hat bei richtiger Erkenntnis des Sachverhalts nur „falsch subsumiert", sich also über die Wertungen der Rechtsordnung geirrt. Damit liegt bloß ein unbeachtlicher – weil vermeidbarer – Verbotsirrtum nach § 17 StGB vor.

Lösung Fall 26:   233

B hat zwar sowohl den objektiven als auch den subjektiven Tatbestand des § 182 I Nr. 1 StGB erfüllt. Er weiß um alle für diese Norm relevanten Tatumstände – er weiß, dass er mit einer 17-jährigen Person sexuelle Handlungen gegen Entgelt vornimmt – und will diese auch verwirklichen. Die Tat des B ist auch rechtswidrig.

Er irrt aber über das Verbotensein seines Tuns. Es fehlt ihm die Einsicht, dass er damit Unrecht tut. Mit dem Vorsatz hat diese fehlende Unrechtseinsicht (Unrechtsunbewusstsein) nichts zu tun. Deshalb könnte B zu entschuldigen sein, wenn der Irrtum – hier die Nichtkenntnis des Verbots – für ihn unvermeidbar war. An die Unvermeidbarkeit sind nach dem BGH allerdings sehr hohe Anforderungen zu stellen. Danach liegt Vermeidbarkeit vor, wenn der Täter die Möglichkeit hatte, Rechtsrat einzuholen, oder der Täter bei gehöriger Anspannung seines Gewissens das Bewusstsein hätte haben können, dass er Unrecht tut. Hier dürfte der Irrtum vermeidbar gewesen sein. Dafür, dass es dem B nicht möglich gewesen sein soll, von der Änderung Kenntnis zu erlangen, finden sich keine Anhaltspunkte. Damit kommt allenfalls eine Strafmilderung gemäß §§ 17 S. 2, 49 I StGB in Betracht.

Lösung Fall 27:   234

R hat eine fremde bewegliche Sache i.S.d. § 303 StGB zerstört. Problematisch ist, wie sich der Umstand auswirkt, dass er entgegen der h.M. ein Tier nicht unter den Sachbegriff des StGB subsumiert. R legt hier eine falsche Definition des Begriffs „Sache" zugrunde und bewertet damit den Hund rechtlich falsch. Er hat dennoch alle Eigenschaften des Hundes sinngemäß erfasst, welche den Richter nachher bei Verwendung der richtigen Definition zum Ergebnis führen, dass es sich bei dem Hund um eine Sache i.S.d. § 303 StGB handelt. R hat damit Vorsatz hinsichtlich aller Umstände der Tat (sog. „**Parallelwertung in der Laiensphäre**").

Dass R verkennt, dass der Hund doch als Sache zu subsumieren ist, könnte sich allenfalls noch gemäß § 17 S. 1 StGB auf das Unrechtsbewusstsein, also auf die Schuld auswirken. Jedoch handelt es sich hier um einen bloßen Strafbarkeitsirrtum. E weiß, dass es zumindest zivilrechtlich verboten ist, fremdes Eigentum zu verletzen. Er ist deswegen strafbar gem. § 303 StGB. Da der Verbotsirrtum auch vermeidbar war, kommt auch eine Strafmilderung gem. § 17 S. 2 StGB nicht in Betracht.

235 Lösung Fall 28:

In Betracht kommt ein Totschlag gem. § 212 I StGB. Der Tatbestand ist gegeben. Eine Rechtfertigung gem. § 32 StGB scheitert schon am fehlenden Angriff des O. Allerdings hatte T den Schlüsselbund mit einem Messer verwechselt und deshalb an einen Überfall geglaubt. Er könnte sich deshalb in einem Erlaubnistatbestandsirrtum befunden haben.

Fraglich ist also, ob bei hypothetischem Vorliegen eines wirklichen Angriffs seitens des O das sofortige Erschießen durch § 32 StGB gerechtfertigt gewesen wäre. Dem lebensgefährlichen Einsatz einer Schusswaffe werden im Rahmen der Erforderlichkeit Grenzen gesetzt, wenngleich der Notwehrübende nicht verpflichtet ist, sich auf das Risiko unzureichender Maßnahmen einzulassen. Sofern es aber die konkrete (hier: freilich nur vorgestellte) Kampflage erlaubt, ist der Angegriffene gehalten, den Gebrauch der Waffe zunächst anzudrohen. Reicht dies nicht aus, so muss er, wenn möglich, vor dem tödlichen Schuss einen weniger gefährlichen Waffeneinsatz versuchen. Da O noch über 10 Meter von T entfernt war, wäre ein solches gestaffeltes Vorgehen ohne Gefährdung des Abwehrerfolges möglich gewesen, was T auch in beiden Fällen wusste. Mangels Erforderlichkeit der vermeintlichen Notwehrhandlung liegt damit kein Erlaubnistatbestandsirrtum vor, sodass T auch bei Vorliegen eines Angriffs nicht gerechtfertigt gewesen wäre. Mithin liegt ein sog. **„Doppelirrtum"** vor, der über § 17 StGB behandelt wird. Da der Irrtum, sofort schießen zu dürfen, vermeidbar war, hat sich T gem. § 212 I StGB strafbar gemacht. (Auf die zum Erlaubnistatbestandsirrtum vertretenen Theorien kommt es hier nicht mehr an, sodass sie an dieser Stelle auch nicht diskutiert werden dürfen.)[167]

236 Lösung Fall 29:

G hat eine fremde bewegliche Sache weggenommen, denn tatsächlich stand die Brille bis zur Übereignung nach § 929 BGB noch im Alleineigentum des O. Daran ändert wegen des im deutschen Zivilrecht geltenden Trennungs- und Abstraktionsprinzips weder der Abschluss des Kaufvertrages, noch die Bezahlung etwas. Problematisch ist hier, ob G auch hinsichtlich der Fremdheit der Brille Vorsatz hat. Denn G hält sich bereits für den Eigentümer der Brille. Es geht also um die rechtliche Bewertung des Merkmals „fremd", welches nach den Normen des BGB über das Eigentum zu bestimmen ist.

G hat den Sachverhalt eigentlich korrekt erfasst, denn er weiß, das O ihm die Brille noch nicht herausgegeben hat, die Brille für ihn ist und auch von ihm bereits bezahlt wurde.

Sein Irrtum betrifft also die Frage, welche Bedeutung die Übergabe der Brille im deutschen Zivilrecht hat. Objektiv führt erst die Übergabe dazu, dass G das Eigentum erlangt. G geht hingegen subjektiv davon aus, dass er bereits durch die Bezahlung Eigentümer geworden sei.

Eigentlich müsste man auch hier wieder zu einem bloßen Strafbarkeitsirrtum gelangen, denn aufgrund einer falschen rechtlichen Wertung (einer falschen – weil laienhaften – Subsumtion) hält G ein strafbares Verhalten für straflos. Damit wäre ein Fall des § 17 StGB gegeben, wobei über die Vermeidbarkeit des Irrtums für den Rechtslaien durchaus gestritten werden könnte.

---

167   *Fallbeispiel und Lösung von Schuster, JuS 2007, 617, 617*

Dennoch wollen viele Autoren für diesen Fall den Vorsatz entfallen lassen. Der Täter müsse auch den rechtlichen Bedeutungsgehalt seiner Tat richtig erfasst haben. Für ihn liege hier jedoch keine „fremde" Sache vor. Damit habe er keine „Bedeutungskenntnis" und werde folglich von der „Apellfunktion des Tatbestands" (nämlich kein fremdes Eigentum wegzunehmen) nicht erreicht.[168]

Lösung Fall 30:   237

L könnte sich wegen Totschlags gem. § 212 I StGB strafbar gemacht haben.

Im objektiven Tatbestand stellt sich die Frage nach der objektiven Zurechnung. Da der Laie häufig nicht in der Lage sein wird, den Tod seines Opfers festzustellen und sich für den L zudem die Frage nach der Verdeckung seiner Tat gestellt hat, ist der Geschehensablauf, der zum Tod des O geführt hat, nicht atypisch und der Tod des O somit dem L objektiv zurechenbar.

Fraglich ist alleine, ob ein Vorsatz zum Kausalverlauf gegeben ist.

Die Lösung ist bei Fällen eines sog. **mehraktigen Geschehens** streitig.

Versuchslösung: Das Geschehen ist in zwei Teilakten zu prüfen: §§ 212 I, 22, 23 I StGB durch den Schlag in Tatmehrheit gem. § 53 StGB mit § 222 StGB durch das Hängen in die Schlinge.

Lehre vom Generalvorsatz: Da L nicht schon beim Schlag die spätere Vortäuschung des Selbstmordes plante, entspricht die Lösung derjenigen der Versuchslösung.

Wesentlichkeitstheorie (h.M.): Der Vorsatz zum Kausalverlauf ist gegeben, wenn die Abweichung unwesentlich ist. Das ist der Fall, wenn sich das Geschehen in den Grenzen der allgemeinen Lebenserfahrung bewegt und keine andere Bewertung der Tat gerechtfertigt ist.

Nach obigen Ausführungen ist das Geschehen in den Grenzen der Lebenserfahrung. Eine andere Bewertung der Tat des L dürfte ausscheiden. Mithin wäre L gem. § 212 I StGB zu bestrafen.

Gegen die Versuchslösung spricht, dass sie das Prinzip der Einzelfallgerechtigkeit verletzt. Gegen die Lehre vom Generalvorsatz spricht, dass sie dem Einlassungsgeschick des Täters Tür und Tor öffnet.

Lösung Fall 31:   238

T könnte sich wegen Sachbeschädigung gem. § 303 I StGB zum Nachteil des P strafbar gemacht haben. Fraglich ist alleine der Vorsatz bzgl. der Erfolgsherbeiführung, da T ja „eigentlich" eine Sache des N beschädigen wollte. Dass es sich bei dem Opfer um P und nicht um N handelt, sog. „error in persona", stellt für T einen Sachverhaltsirrtum über Tatumstände dar. Es könnte insoweit ein Tatbestandsirrtum gem. § 16 I StGB vorliegen. Dann müsste T einen Umstand nicht gekannt haben, der zum gesetzlichen Tatbestand gehört. Zum Tatbestand des § 303 I StGB gehört nur der Umstand „fremde Sache". Die Person des Eigentümers ist insoweit unerheblich. Folglich ist der error in persona wenn und weil die Objekte „fremde Sache des P" und „fremde Sache des N" rechtlich gleichwertig sind, unbeachtlich.

T handelt bzgl. der Sachbeschädigung zum Nachteil des P vorsätzlich. T hat sich gem. § 303 I StGB strafbar gemacht.

---

168   So für den vorliegenden Fall z.B. Hinderer, JA 2009, 864, 867; für einen vergleichbaren Fall auch Sternberg-Lieben/ Sternberg-Lieben, JuS 2012, 289, 291. Für die Vertreter dieser Auffassung ergeben sich massive Abgrenzungsprobleme zum Bierdeckel-Fall (oben Fall 22), den Hinderer a.a.O. über § 17 StGB lösen möchte.

In Betracht kommt weiterhin eine Strafbarkeit wegen versuchter Sachbeschädigung am „eigentlich gewollten" Objekt – dem Wagen des N – gem. §§ 303 I, 22, 23 I StGB. Insofern fehlt es jedoch am Tatentschluss (also am Vorsatz), da T nicht zwei Sachen beschädigen wollte und der von T betätigte Vorsatz hinsichtlich der Strafbarkeit gem. § 303 I StGB an dem Wagen des P bereits „verbraucht" ist (Verbot der Doppelverwertung des Vorsatzes).

239 Lösung Fall 32:

T könnte sich gem. § 223 I strafbar gemacht haben.

Hier stellt sich die Frage, ob ein „error in persona" oder eine „aberratio ictus" vorliegt, weil der Fall Bestandteile beider Rechtsfiguren enthält: Nach dem Absenden der Bombe entwickelt sich der Kausalverlauf anders als gedacht. Damit ist äußerlich eine Aberratio-ictus-Konstellation gegeben. Andererseits musste der Erfolg unweigerlich an der Person eintreten, die den Brief öffnet; insoweit liegt die Annahme eines error in persona nahe.

Fraglich ist deshalb, wie solche Fälle der „mittelbaren Opferindividualisierung" zu lösen sind.

Die einen nehmen eine aberratio ictus an, weil der Täter sein Opfer über den Brief gleichsam „geistig anvisiert" habe.

Die anderen gehen von einem error in persona aus, da der Täter die Person treffen wollte, die den Brief öffnet, und getroffen habe, diese Person nur nicht den Namen K, sondern S getragen habe.

Für den – nach h.M. im Vergleich zur aberratio ictus härter bestraften – error in persona spricht, dass mit der Absendung des Briefs das Geschehen aus der Hand gegeben wird und dadurch die besondere Gefahr dafür geschaffen wird, dass das falsche Opfer (oder gar mehrere Opfer) in die Falle tappt.

Also ist T wegen § 223 I StGB zum Nachteil der S zu bestrafen.

Ein tateinheitlich begangener Versuch an K scheitert am Verbot der Doppelverwertung des Vorsatzes.

Stichwortverzeichnis

Die Zahlen beziehen sich auf die **Randnummern** der Abschnitte.

U

V

W